Japanese Candlestick Charting Techniques

日本蜡烛图技术

丁丁 编著

民主与建设出版社
·北京·

© 民主与建设出版社，2022

图书在版编目(CIP)数据

日本蜡烛图技术 / 丁丁编著 . -- 北京：民主与建设出版社，2022.4
ISBN 978-7-5139-3830-3

Ⅰ. ①日… Ⅱ. ①丁… Ⅲ. ①股票投资 Ⅳ. ① F830.91

中国版本图书馆 CIP 数据核字（2022）第 078921 号

日本蜡烛图技术
RIBEN LAZHU TU JISHU

编　　著	丁　丁
责任编辑	刘树民
封面设计	乔景香
出版发行	民主与建设出版社有限责任公司
电　　话	（010）59417747　59419778
社　　址	北京市海淀区西三环中路 10 号望海楼 E 座 7 层
邮　　编	100142
印　　刷	三河市金泰源印务有限公司
版　　次	2022 年 4 月第 1 版
印　　次	2022 年 7 月第 1 次印刷
开　　本	710 毫米 ×1000 毫米　1/16
印　　张	12
字　　数	182 千字
书　　号	ISBN 978-7-5139-3830-3
定　　价	69.80 元

注：如有印、装质量问题，请与出版社联系。

前言　学以致用的蜡烛图技术

当市面上已经充斥着很多关于蜡烛图技术的书籍时，我们为什么还要凑这个热闹呢？

相信大家都知道一句话，它是这么说的："交易之道，无数人知道，却只有少数人做到。"为什么？这就等同于市面上那些关于蜡烛图技术的书籍，无不对蜡烛图技术进行了解析，但是又有多少抓住了本质呢？

正是基于从本质上，从为大家提供在实战中真正能用得到的知识、理论、技巧出发，我们愿意再整理汇总这样一本在内容质量上有别于其他类似书籍的读物。

同时，也是因为蜡烛图技术的魔力一直在深深地吸引着我们，更为重要的是，它曾帮助无数投资者做出了正确的投资决策，值得被再次解读。

如果说投资决策决定投资成败，那么蜡烛图技术在一定意义上决定着投资决策的正确性。

这一点是毋庸置疑的。当80%的投资者采用技术方法制定交易策略时，蜡烛图已经与技术分析画上了等号，扮演着主角的身份。

究其原因，每根蜡烛图都蕴藏着多个不同的信息，市场行情的波动情况可以一目了然。

由不同的蜡烛图组合形成的不同形态，所反映的市场信息，不仅直观立体、灵敏、信息量大、能够充分体现股价趋势的强弱，而且可以充分显示买卖双方力量平衡的变化，反映市场心理，比较精准地预测后市走向、补充其他技术分析手段的不足。

蜡烛图的形态可谓千变万化，种类众多，哪怕只有一根蜡烛图，也会随着价格的变动情况出现多种形态，传递出大量市场信号，甚至也可以构成反转形态。

问题是，哪些蜡烛图形态才是实战中真正可以起作用的？哪些蜡烛图形态能够发出更明确的获利信号？哪些蜡烛图形态可以帮助投资者成功止损？

带着这些问题，本书从蜡烛图技术的起源与发展拉开了序幕，采用更加通俗易懂的表述方式，分别对单根蜡烛图、双根蜡烛图、三根蜡烛图以及多根蜡烛图的组合形态，尤其是可以学以致用的蜡烛图形态进行了实战性的讲述。其中，我们可以看到数十个实战案例，结合真实的个股走势图，对蜡烛图形态的市场反应进行标注、图解、论证。

当然，每个事物都是存在双面性的，即蜡烛图有优势，也必然存在劣势，本书通过蜡烛图与其他技术指标的结合应用，将其缺点进行有利规避，进一步加大了蜡烛图技术对于市场研判的可靠性、准确性。

总之，本书自始至终秉持着客观的态度，旨在告诉每一个想要进入股市的投资者、每一个想要更加深入了解蜡烛图技术的研究者、每一个想要学习更多技术分析方法的交易者、每一个蜡烛图技术知识的初学者，更应该时刻保持客观的态度对待每一次交易，任何主观的想象都将是竹篮打水，水中望月。

目录

第一章 概述

蜡烛图技术的起源与发展 …………………… 003

蜡烛图技术的优缺点 ………………………… 006

蜡烛图的常规绘制方法 ……………………… 009

蜡烛图技术的实际应用 ……………………… 015

蜡烛图技术基本原理 ………………………… 018

第二章 单根蜡烛图的形态

大阳线 ………………………………………… 029

大阴线 ………………………………………… 033

小阳线 ………………………………………… 036

小阴线 ………………………………………… 041

上影阳线 ……………………………………… 042

下影阳线 ……………………………………… 044

上影阴线 ……………………………………… 047

下影阴线 ………………………………………… 050

十字线（十字星）………………………………… 052

一字线 …………………………………………… 055

射击之星 ………………………………………… 059

第三章　双蜡烛图组成的形态

乌云盖顶 ………………………………………… 065

旭日东升 ………………………………………… 068

穿头破脚 ………………………………………… 070

曙光初现 ………………………………………… 075

双飞乌鸦 ………………………………………… 077

第四章　三根及以上蜡烛图组成的形态

早晨之星 ………………………………………… 085

黄昏之星 ………………………………………… 087

三只乌鸦 ………………………………………… 089

白三兵 …………………………………………… 093

头肩形 …………………………………………… 097

双重顶 …………………………………………… 100

第五章　持续形态

上升三法 ·· 107

下降三法 ·· 111

分手线 ·· 116

向上跳空并列阴阳线 ······································ 124

向下跳空并列阴阳线 ······································ 130

第六章　缺口

何为市场中的缺口 ·· 135

三种重要缺口 ·· 141

岛形反转 ·· 148

第七章　综合研判

蜡烛图＋百分比回撤水平 ·································· 154

蜡烛图＋交易量 ·· 160

蜡烛图＋持仓量 ·· 163

蜡烛图＋摆动指数 ·· 165

蜡烛图＋艾略特波浪理论 ·································· 170

蜡烛图＋移动平均线 ······································ 174

第一章

概述

蜡烛图技术的起源与发展

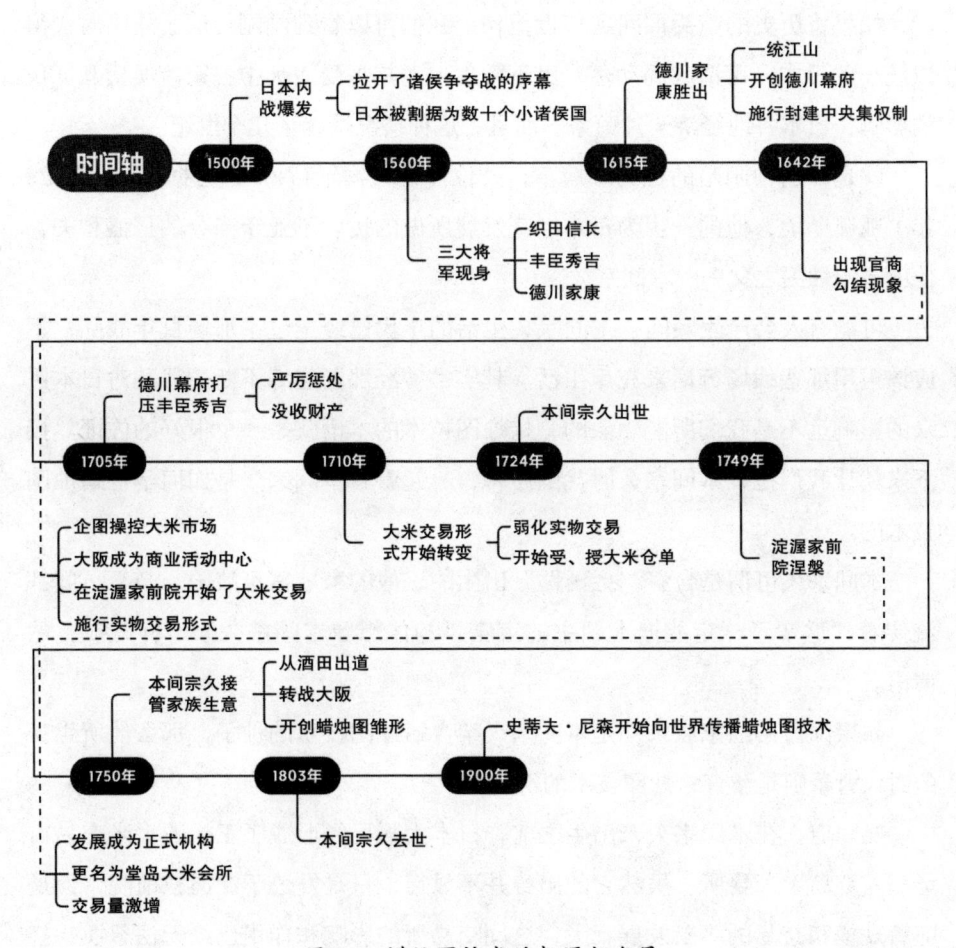

```
时间轴 ──1500年──────1560年──────1615年──────1642年
         │日本内     ├拉了诸侯争夺战的序幕        ├一统江山
         战爆发     └日本被割据为数十个小诸侯国   德川家 ├开创德川幕府
                                                康胜出 └施行封建中央集权制
                           ┌织田信长
                    三大将 ├丰臣秀吉                    出现官商
                    军现身 └德川家康                    勾结现象
```

```
──1705年──────1710年──────1724年──────1749年
   │德川幕府打  ├严厉惩处    ├本间宗久出世
   压丰臣秀吉  └没收财产                    淀渥家前
                                            院涅槃
 ┌企图操控大米市场    大米交易形 ┌弱化实物交易
 ├大阪成为商业活动中心 式开始转变 └开始受、授大米仓单
 ├在淀渥家前院开始了大米交易
 └施行实物交易形式
```

```
                ┌从酒田出道
         本间宗久接├转战大阪
         管家族生意└开创蜡烛图雏形  史蒂夫·尼森开始向世界传播蜡烛图技术
──1750年──────1803年──────1900年
 ┌发展成为正式机构        └本间宗久去世
 ├更名为堂岛大米会所
 └交易量激增
```

图1-1 蜡烛图技术的起源与发展

"策略""心理""对抗""战略撤退""拂晓袭击和夜袭""前进三兵形态""反击线""墓碑线"……相信广大机构、专业和业余投资者对于蜡

烛图技术的这些基本术语并不陌生，甚至耳熟能详。

然而，为什么这些原本属于战场中的行话会出现在蜡烛图的技术术语中呢？蜡烛图技术究竟是怎么出现的呢？

究其原因，是受那场曾经持续百年的日本内战（大约从1500年到1600年）的影响。这场内战对广大日本民众的影响至深，同时也成了蜡烛图技术形成的背景。

如果将历史的镜头推回到17世纪初，我们可以看到刚刚经历了战国时代得以统一的日本，可谓政局动荡、民不聊生，尤其是受战乱中各家诸侯相互征伐的影响，日本各地经济一片萧条。而且，这种情况持续了几个世纪。

就是在这种阴暗的社会环境下，一位传奇人物于1724年(另据资料为1729年）呱呱坠地，他的一生为日本经济发展所做的贡献不亚于当今的稻盛和夫，他就是蜡烛图之父——本间宗久。

可能有人会产生疑问，本间宗久生活的年代已经走过了那场百年战乱，不应该再用那些战场行话来充斥生活。其实，曾经那场连绵不断的战乱对日本民众的影响远不是我们所能想象的，蜡烛图技术的术语就是一个很好的佐证。接下来就让我们拉开本间宗久时代的序幕，一起看看本间宗久是如何孕育蜡烛图技术的。

本间宗久可谓是含着"金汤匙"出生的，他的家族富可敌国，乃至坊间都流传着"这辈子一定能挣上领主的宝座，却休想像本间宗久家一样有钱"的谚语。

如果说富裕的家族条件是本间宗久孕育蜡烛图技术的种子，那么他所生长的时代背景则是孕育蜡烛图技术的沃土。

要知道，在本间宗久未出生之前，日本大阪已经形成了正式的大米交易市场——堂岛大米会所。虽然它的出身并不显赫，只是发迹于淀渥家前院，但是随着规模和交易的不断发展壮大，这间交易所的影响和作用已经无法忽视，甚至拥有了一定的话语权。比如，在1710年之前，大米的价格，大米的等级标准，全部由堂岛大米会所决定。

这样的市场环境，从另一个角度来说，也意味着大米在当时已经发展到了无可替代的地位。它曾一度代替硬通货的硬币作为交换媒介，成了那一时期的货币标准。

火爆的大米生意推动了大阪繁荣的市场经济，大米交易的形式也逐渐由实物交易转向虚拟交易，即在堂岛大米会所里出现了以大米仓单作为期货合约进行交易的行为。这种交易形式的转变，再一次将当时的大米生意推上了巅峰，因为相比实物交易来说，大米仓单更具灵活性、预期性、流通性、交易性等。换句话说，那些交易者在某些情况下，可以通过大米仓单将未收成的大米全部进行提前交易，甚至可以得心应手地决定什么时候出售大米仓单。

本间宗久的出生正是赶上了这趟期货交易的快车，而且在他25岁时，大阪的期货交易已经达到了鼎盛期——同年，全日本的实际大米产量只有不过几千包，但是市场上流通的大米仓单竟然达到了十几万包，呈几十倍级的增长趋势。

由于本间宗久的家族本就是大米种植大户，自然不会放过这样的良机，这为后期本间宗久大展身手积攒了雄厚的资本，打下了坚实的基础。自本间宗久的父亲去世后，本间宗久便接管了家族的全部财产，并全身心地投入到了大米期货交易中。

截至1803年本间宗久逝世，他已经对大米市场的相关信息、投资者心理、大米价格、交易策略等进行了全面、详尽、深刻的研究，并通过自创的市场交易策略可以准确地计算米价每天的涨跌，甚至创造了连续100笔盈利交易的纪录。这种市场交易策略便是蜡烛图技术的雏形。

但是，这些光环的背后依然没有逃脱那场百年战乱的影响，我们完全可以从本间宗久所著的《酒田战法——本间宗久翁秘录》和《风、林、火、山》中一窥究竟。《孙子兵法·军争篇》有曰："……其疾如风，其徐如林，侵掠如火，不动如山……"而本间宗久的《风、林、火、山》正是取意于此，无形中把许多类似于军事谋略的技巧和方法运用到了市场交易的过程中。这或许是本间宗久对那场百年内战的祭奠，也或许是想让后人永远铭记那场百年战乱所带来的恶果。我们虽然对此无从考究，但本间宗久在大米市场上所采用的交易策略被人们逐渐演变成蜡烛图技术后，着实值得现代投资者学习与研究。

这也难怪会被美国纽约DALWA证券公司高级副总裁——史蒂夫·尼森盯上。其实，现代的投资者除了要敬畏蜡烛图技术的发明者本间宗久，也应该感谢史蒂夫·尼森——蜡烛图技术的传播者。

1990年，史蒂夫·尼森第一次在其著作《阴线阳线》一书中阐述了蜡烛图技术，正式揭开了日本金融界的投资秘密，诸如蜡烛图、三线反转图、砖块图、折线图等最具魔力的技术分析方法被公之于众。自此，蜡烛图技术开始流入海外进而被广泛运用。

随后，史蒂夫·尼森又趁热出版了著作《股票K线战法》，不仅大卖，而且多次被修订。史蒂夫·尼森在书中巧妙地将本间宗久的蜡烛图技术与西方的一些分析技术，通过一些图表和案例开拓性地结合了起来。与此同时，蜡烛图的另一种叫法，即K线图正式被推上了投资市场的舞台。

可以毫不夸张地说，无论在目前的股票市场上，还是期货市场上，抑或是外汇市场上，蜡烛图技术都是投资者进行技术分析的得力工具。

蜡烛图技术的优缺点

作为世界知名分析图形之一的蜡烛图，其基本图形，即单根蜡烛图，也叫日K线图，都是围绕开盘价、最高价、最低价、收盘价这四个数据展开，是由一个实体部分和上下两根影线构成。

当收盘价格高于开盘价格时，实体部分为空心白色（在国内股票和期货市场，通常用红色表示），被称为阳线，意味着价格上涨；当收盘价格低于开盘价格时，实体部分为实体黑色（在国内股票和期货市场，通常用绿色表示），被称为阴线，意味着价格下跌；无论实体部分为白色还是黑色，也即无论是阳线还是阴线，与实体部分上端连接的线称为上影线，代表最高价格；与实体部分下端连接的线称为下影线，代表最低价格。如图1-2所示。

值得注意的是，在国外尤其是欧美市场，用来标识蜡烛图的颜色与国内是恰恰相反的，即当收盘价格高于开盘价格时，实体部分为绿色；当收盘价格低于开盘价格时，实体部分为红色。

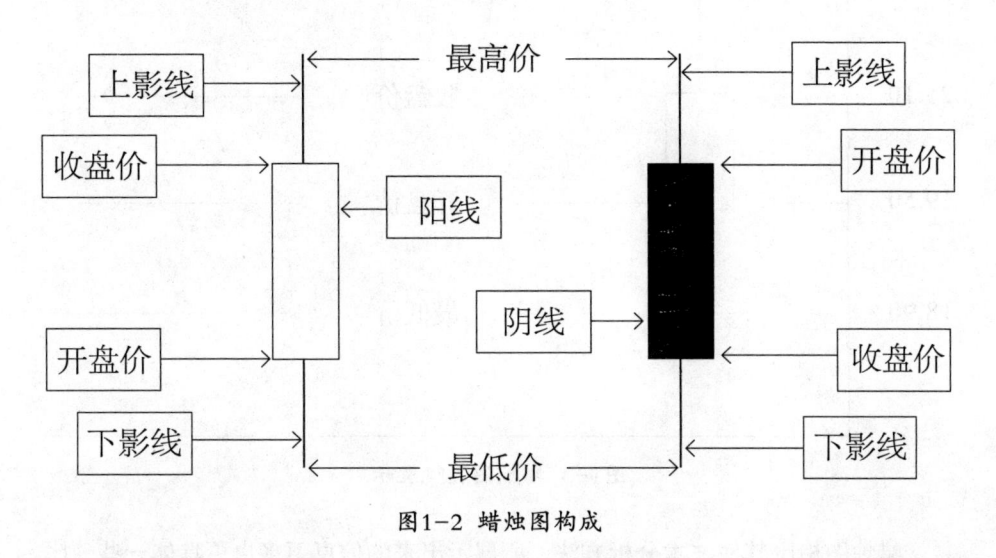

图1-2 蜡烛图构成

无论蜡烛图用何种颜色标识，所反映的大势状况和价格信息都是一样的。例如，在特定时间内的开盘价格和收盘价格始终是由蜡烛图的实体所反映的，而价格上涨或者下跌了多少，也始终是由蜡烛图的上影线和下影线的长度所反映的。

由此我们不难发现，其实每根蜡烛图都蕴藏着多个不同的信息，弄明白了这些，价格的波动情况便可以一目了然。

除此之外，蜡烛图还具备较强的直观立体感、灵敏性、信息量大、能够充分体现股价趋势的强弱，充分显示买卖双方力量平衡的变化，比较精准地预测后市走向，补充其他技术分析手段的不足等特点。

如图1-3所示，通过蜡烛图可以很直观立体地看出价格的变化情况，实体是白色代表着价格上涨，开盘价是19.50元、收盘价是20.10元，以及价格的波动范围是在18.90~20.70元之间。

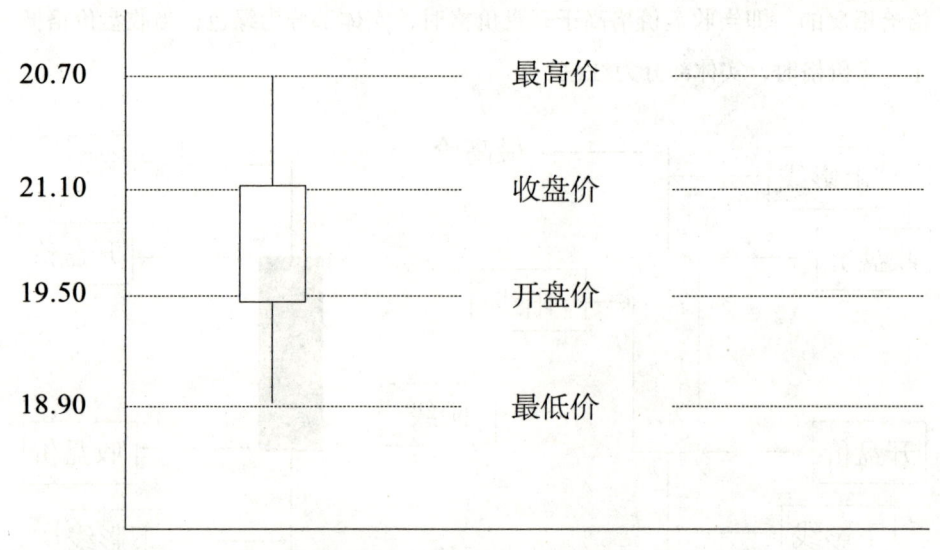

图1-3 蜡烛图直观展示

蜡烛图相比其他技术分析方法，所展示出来的信息更多也更具体一些，比较明显的是与线形图的比较。相比线形图仅可以记录收盘价，而对开盘价、当日最高价、当日最低价的变动及波动幅度无法展示，且难以捕捉短线和中线趋势的不足，通过蜡烛图显然都可以实现。

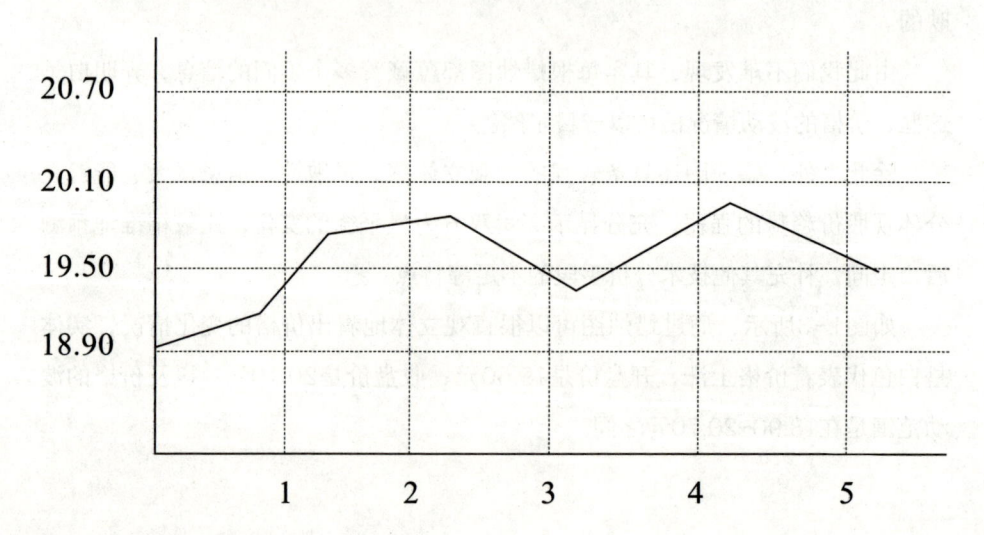

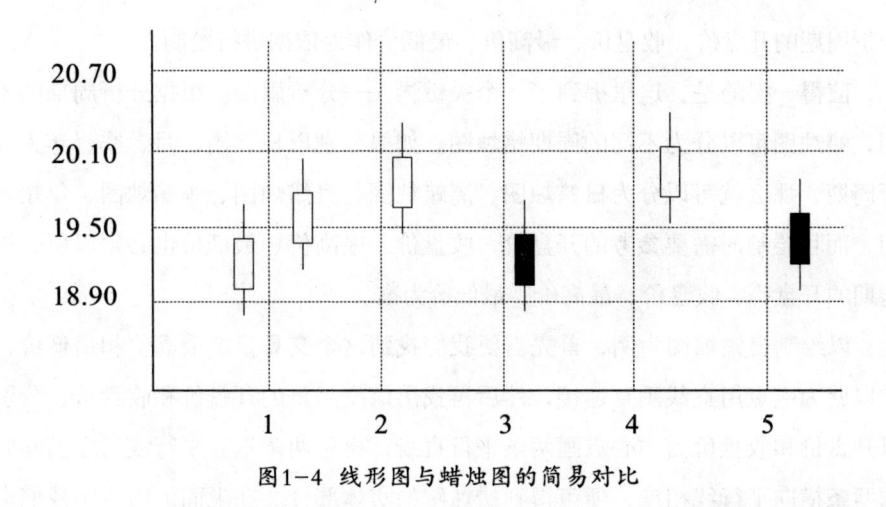

图1-4 线形图与蜡烛图的简易对比

　　然而，万事万物都有两面性，蜡烛图也不例外，它既有很多优势，也存在一些缺陷。

　　例如，蜡烛图的灵敏性很高，对于市场发出的信号可以快速地展现出来，但是这其中也不乏很多虚假信号，而且这些虚假信号还往往会迷惑交易者对于市场总体趋势的把握。

　　同时，由于蜡烛图更加趋向于从大众心理的角度给出解释，也就是说蜡烛图在一定程度上依靠主观性，所以并不会直接反映出买卖信号，必须同时结合市场走向以及其他一些趋势分析技术最终决定应该买入还是卖出。

　　总体而言，蜡烛图体现的是价格本身，反映的是一种能量的强弱，可以看作是一种有效的技术指标。每个交易者都可以通过蜡烛图解读出自己想要得到的信息。

蜡烛图的常规绘制方法

　　在上一节内容中，我们已经得知蜡烛图的构成要素，即开盘价、收盘价、最高价、最低价。这几个数据同样也是绘制蜡烛图必需的要素，即必须以每个分析周期的开盘价、收盘价、最高价、最低价作为依据进行绘制。

值得一提的是，这里提到了一个关键词——分析周期。根据分析周期的不同，蜡烛图可以分为不同的周期蜡烛图。如果分别以日、周、月、季、年为分析周期，那么就可以分为日蜡烛图、周蜡烛图、月蜡烛图、季蜡烛图、年蜡烛图，而且绘制时需要参考的开盘价、收盘价、最高价、最低价也必须以所分析周期的开盘价、收盘价、最高价、最低价为准。

以绘制日蜡烛图为例，首先需要我们找到这个交易日的最高价和最低价，并以此为端点用直线垂直连接；然后再找出该交易日的开盘价和收盘价，分别以开盘价和收盘价为中心点画两条平行直线，再用两条垂直平行线与之前画好的两条横向平行线相连，便可得到蜡烛图的实体部分。在上面的内容中我们也已经讲述过，如果该交易日的收盘价高于开盘价，则实体部分留白，称为阳线；如果该交易日的收盘价低于开盘价，则实体部分需要涂成黑色，称为阴线。从最高价和最低价与阳线实体或者阴线实体上下两端相连的直线，则是上影线和下影线。至此，一根日蜡烛图便绘制完成了。

其实，蜡烛图也是对其本身很形象的一种叫法。如果仔细观察每一根蜡烛图，你是不是会有一种"这不就是我们平时所见的蜡烛的缩影吗"的强烈感觉，这或许也是为什么人们最终将这种技术称为蜡烛图的原因。

伴随着蜡烛图形态的变化，也会出现很多种不同的蜡烛图，比如没有上影线的蜡烛图，通常被叫作秃顶（秃头）蜡烛图；没有下影线的蜡烛图则被叫作光脚（秃脚）蜡烛图。下面就让我们认识几种常见的蜡烛图：

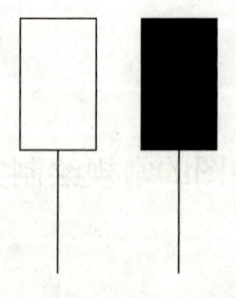

图1-5 秃顶（秃头）蜡烛图

图1-6 光脚（秃脚）蜡烛图

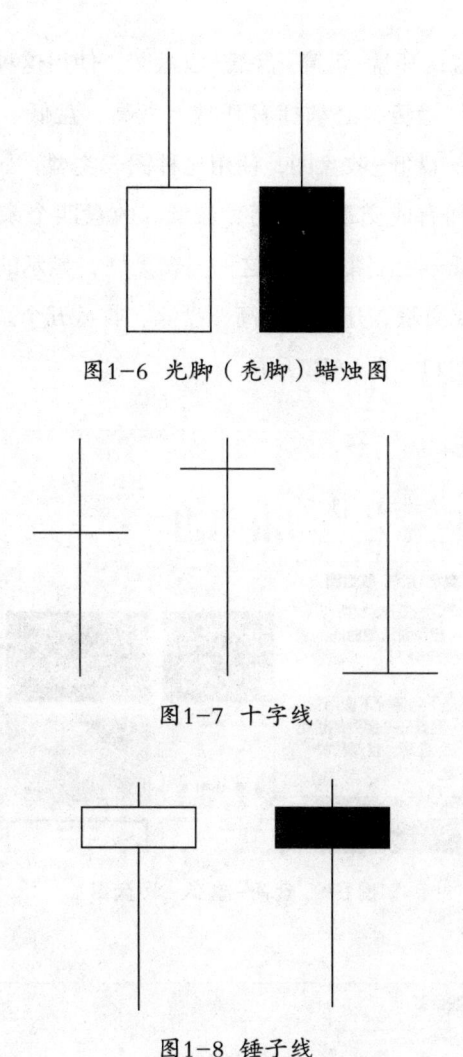

图1-7 十字线

图1-8 锤子线

绘制蜡烛图，可以对一段时期内价格的升跌、变化以及发展规律进行清晰的反映，从而对未来的市场行情做出判断。在某些情况下，如果我们得到了一些数据，便可以通过绘制蜡烛图进行分析。

上面的内容中我们简单讲述了单根蜡烛图的绘制方法，下面我们将介绍一种更简单的绘制多根蜡烛图的方法——通过Excel表绘制蜡烛图。

Excel表提供了四种绘制蜡烛图的方式，分别是：盘高-盘低-收盘图，使用这种图表类型，显示的是股票随时间变化的趋势，必须拥有盘高、盘低、收

011

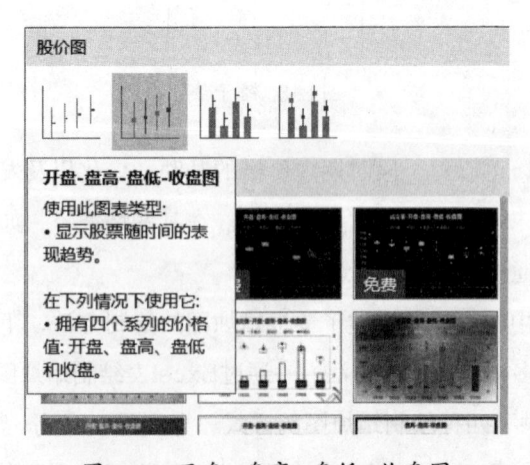

盘三个系列的价格值；开盘-盘高-盘低-收盘图，使用这种图表类型，显示的是股票随时间的表现趋势，必须拥有开盘、盘高、盘低、收盘四个系列的价格值；成交量-盘高-盘低-收盘图，使用这种图表类型，显示的是股票随时间的表现趋势，必须拥有成交量、盘高、盘低、收盘四个系列的价格值；成交量-开盘-盘高-盘低-收盘图，使用这种图表类型，显示的是股票随时间变化的趋势，必须拥有成交量、开盘、盘高、盘低、收盘五个系列的价格值。如图1-9、图1-10、图1-11、图1-12所示。

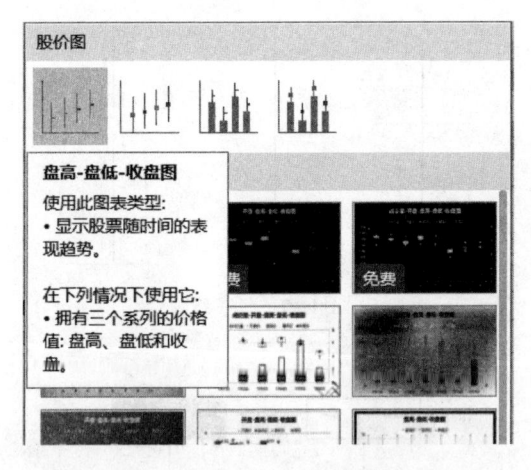

图1-9 盘高-盘低-收盘图

图1-10 开盘-盘高-盘低-收盘图

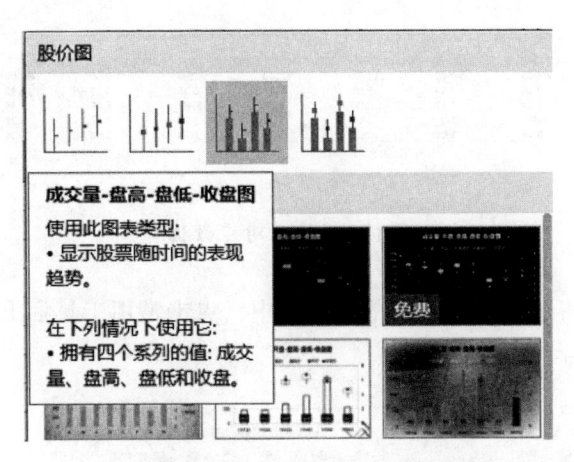

图1-11 成交量-盘高-盘低-收盘图

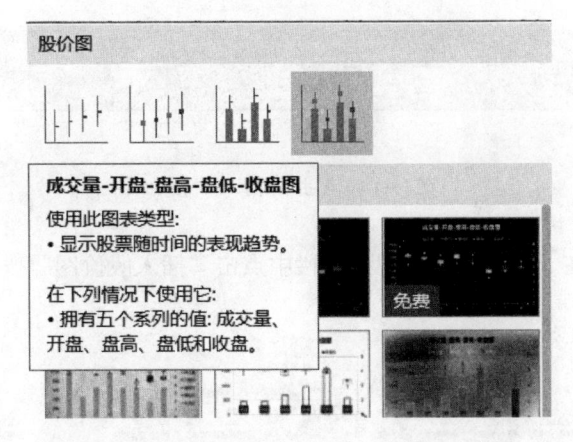

图1-12 成交量-开盘-盘高-盘低-收盘图

我们选择成交量-开盘-盘高-盘低-收盘图类型图表，以深振业A（000006）两周（2021年1月11日—2021年1月22日）的数据为例，进行蜡烛图的绘制。

第一步，打开Excel表，按照图形要求输入相关行情数据，即按照成交量、开盘、盘高、盘低、收盘的顺序将相应数据填入对应表格。如图1-13所示。

■日本蜡烛图技术

日期	2021年1月11日	2021年1月12日	2021年1月13日	2021年1月14日	2021年1月15日	2021年1月18日	2021年1月19日	2021年1月20日	2021年1月21日	2021年1月22日
成交量	77600	66000	94600	161700	82100	90100	153800	86300	55200	91300
开盘	5.22	5.14	5.13	5.10	5.27	5.25	5.33	5.42	5.31	5.33
盘高	5.29	5.19	5.17	5.37	5.36	5.40	5.56	5.46	5.37	5.33
盘低	5.15	5.10	5.02	5.10	5.24	5.25	5.27	5.31	5.29	5.16
收盘	5.16	5.14	5.08	5.32	5.29	5.34	5.46	5.34	5.33	5.17

图1-13 输入对应数据

第二步，将所有数据所在的表格选中，点击常用工具栏上的"插入"按钮。如图1-14所示。

图1-14 点击"插入"按钮

第三步，在"插入"选项的工具栏中点击"插入股价图"按钮。如图1-15所示。

图1-15 点击"插入股价图"按钮

第四步，在出现的四种股价图类型图表中，选择第四种并点击，便可得到深振业A（000006）两周的股票蜡烛图。如图1-16、图1-17所示。

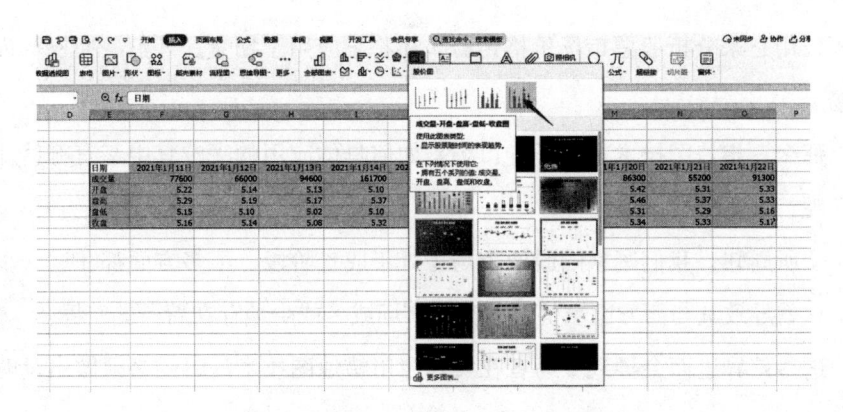

图1-16 选择合适的股价图类型图表

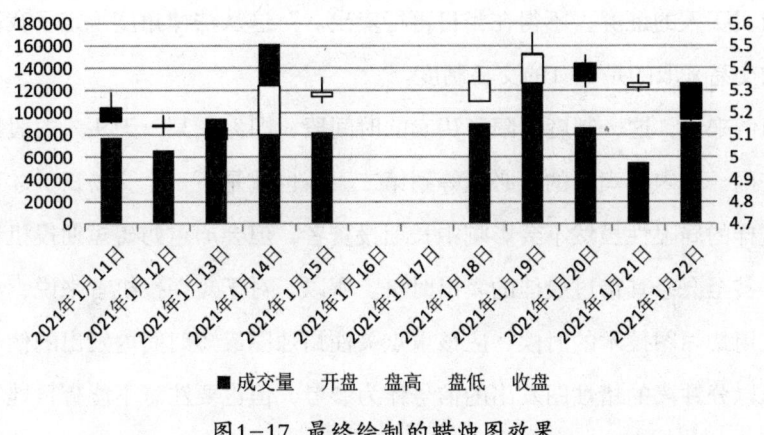

图1-17 最终绘制的蜡烛图效果

通过这张蜡烛图，我们便可以对深振业A（000006）两周的股价变动情况，以及多空双方的强弱程度进行判断。

蜡烛图技术的实际应用

早在17世纪就已经出现的蜡烛图技术，因其独到的标画方法，即便到现在已经过去了几百年，却始终是大多数交易者和投资者爱不释手的分析工具。人们不仅用它来分析股票市场价格走势，还将它应用于期货、外汇、期权等证券市场。

那么，蜡烛图技术在各证券市场是如何具体应用的呢？其中又有哪些注意事项呢？

众所周知，我国国家的股票市场正处于成长阶段，很多方面都在进一步完善，这就导致其与西方国家的股票交易市场或多或少地存在着一些差异。

这些差异进而会导致交易者在实际应用蜡烛图技术的时候必须做出及时的调整。

例如，我国《证券法》第106条明文规定："证券公司接受委托或者自营，当日买入的证券，不得在当日再行卖出。"这从法律角度规定了我国股票市场的交易采取的是T+1的交易制度。

通俗来说，这一制度局限了买卖的时间段，即你在某一天买入的股票是不允许在同一天内再卖出的，必须等到第二天（也就是下一个交易日）才可以卖出。这样的局限性虽然不会影响中长期投资者，但会严重妨碍短期投机者做出决策，甚至会令其错过最佳的卖出时机。所以，对于短期投机者来说，在股票市场应用蜡烛图技术的时候，应该重点关注蜡烛图最短时间内发出的信号，甚至可以以分钟段的蜡烛图发出的信号作为参考，但也要注意不能盲目地将其作为最终的信号。

除此之外，在股票市场应用蜡烛图技术还需要注意收盘价的限制。因为只有在当天的交易完成后才能够确定最终的收盘价，而蜡烛图的形态在此时才能够确定。如果交易完成之前，盘中的蜡烛图已经形成了反转形态，就会给投资者列出一道艰难的选择题，不知道究竟应该在收盘后行动，还是在盘中就开始行动。

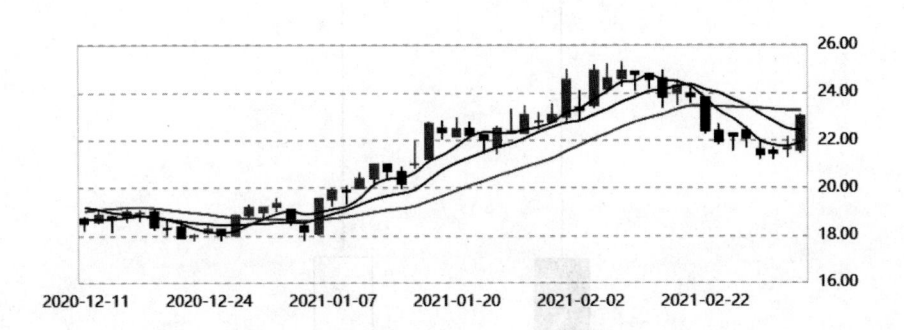

图1-18 蜡烛图在股票市场的应用展现

对于蜡烛图在外汇市场的实际应用来说，由于外汇交易对前瞻性的要求非常高，所以交易者在分析外汇蜡烛图的时候，切记沉着冷静，应该重点关注通过分析外汇蜡烛图所反映的某一时间内汇率的重要信息，牢牢把握住外汇蜡烛图形态的细节，才能最终做到实现持续盈利的目标。

例如，想要判断前期汇市何时结束，反转大势何时到来，可以重点关注外汇蜡烛图的下影线。当实体部分逐渐变小，下影线的长度逐渐变长，长度达到实体部分的两倍时，往往意味着反转大势即将到来。相反，如果上影线的长度达到了实体部分的两倍，则往往意味着汇市的下跌。

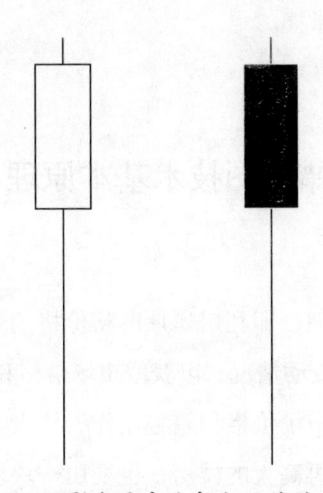

图1-19 下影线是实体部分两倍的示例图

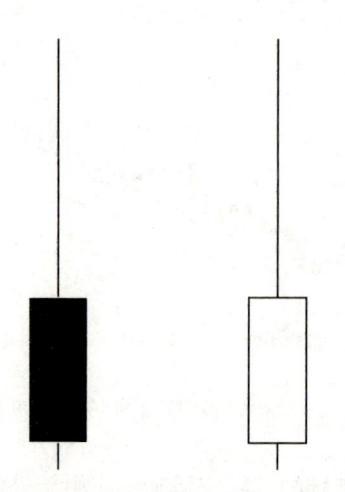

图1-20 上影线是实体部分两倍的示例图

毋庸置疑，蜡烛图在外汇市场中的实际应用效果是显而易见的，而且是帮助性特别大的。通过蜡烛图绘制出来的图表可以非常清晰地反映出市场情况，尤其是外汇蜡烛图随着市场价格变化而体现出来的各种形态，如反转形态、整理形态、缺口等，可以为投资者提供查找规律的渠道，从而找到突破口。

或许我们无法想象经过历史和时间考验的蜡烛图技术究竟还蕴藏着多大的能量，但它的长效性是值得肯定的，在实际应用中也相比其他的技术、系统、指标、工具更容易学习和掌握。

蜡烛图技术基本原理

蜡烛图技术的基本原理，即利用蜡烛图将价格的变化情况展现出来，再通过观察这些蜡烛图本身的变动情况，以获取市场价格和趋势的变动信息。

可以这么说，如果将市场价格和趋势比作一栋大楼，那么每一根蜡烛图都是这栋大楼的砖瓦，即便再高大的楼房，也要由一块块砖瓦构建而成。掌握蜡烛图技术基本原理，就好比能够清晰地了解这栋大楼的结构、质量、高度、抗风险能力，以及值不值得购买等。结合股市来说，熟知蜡烛图技术基本原理可以让投资者及时获取反映市场价格和趋势变化的信号，把握住获利的先机。

从本质上来说，蜡烛图技术基本原理可以从三个方面来阐释：

1. 通过实体大小的变化反映买方与卖方在力度上的对比。

蜡烛图实体的大小取决于开盘价格与收盘价格的价格差。无论收盘价格高于开盘价格，还是低于开盘价格，价格差越大，实体越大，价格差越小，实体越小。同时，由于蜡烛图有阳线实体和阴线实体之分，所以不同的实体也代表着不同的意义，透露着不同的信息，而归根结底都是表明买方与卖方在力度上的对比。

例如，在某一交易日内，如果阳线实体较大，说明低开高收，代表当天升，买方力量比较强，而且实体部分越大，代表当天看多的力量越强大。如果阴线实体较大，说明高开低收，代表当天跌，卖方力量比较强，而且实体部分越大，代表当天看空的力量越强大。

无论是阳线实体较大，还是阴线实体较大，都表明了市场情绪较为高涨。相反，如果是较小的阳线实体或者阴线实体，则表明市场情绪较为低迷。

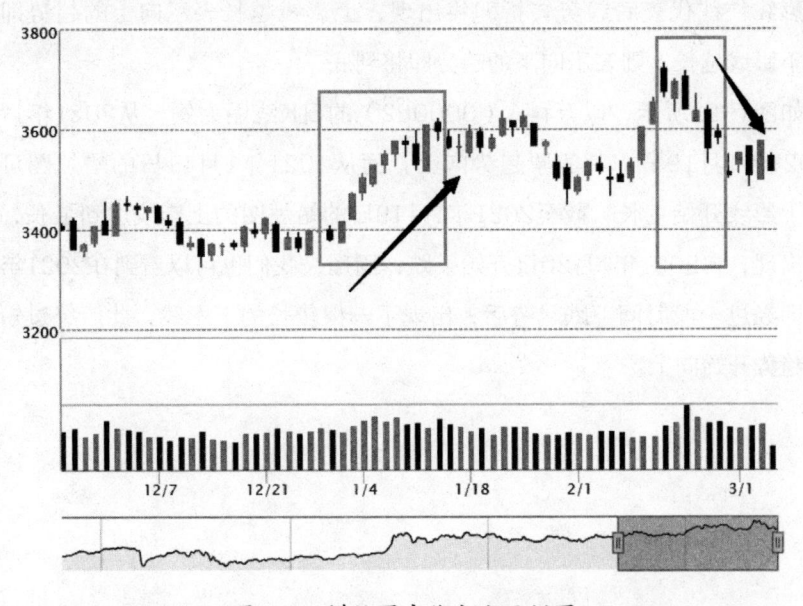

图1-21 蜡烛图实体大小示例图

如图1-21所示，第一个框标注的这段走势中，红色蜡烛图（阳线）的实体相比绿色蜡烛图（阴线）的实体普遍要大，说明买方力量较强，占据主导，可以确认趋势向上，交易者可以寻找机会介入做多；而第二个框标注的走势中，绿色蜡烛图（阴线）的实体相比红色蜡烛图（阳线）的实体普遍要大，说明卖方力量较强，并占据主导，可以确认趋势向下，交易者应该寻找机会做空。

2. 通过影线长短的变化反映市场的波动情况。

通常，大多数人都会认为实体就是蜡烛图的核心部分，殊不知上下影线的长短变化也暗藏着大量的重要信息。

我们都知道，上下影线分别代表最高价格和最低价格，但是它们是如何产生的呢？一般来说，当股票开盘后，如果买方的力量较弱，卖方力量较强，股价便会从高点开始回落，从而形成上影线，代表买方力量小于卖方力量；如果买方力量大于卖方力量，从而促使股价开始回升，便会形成下影线。

对于影线长短的变化情况来说，长影线一般意味着市场具有较高的不确定性，说明买卖双方打得比较激烈，但是胜负难分；短影线则意味着市场趋于稳定，说明市场趋势方向被买方或者卖方所控制。

影线往往代表着趋势转折即将出现，上影线越长表示向上的趋势即将到顶，下影线越长，则表示向下的趋势即将到底。

如图1-22所示，以万科A（000002）的日K线图为例，从2021年1月6日至2021年1月19日，其股票趋势向上，而从2021年1月11日的蜡烛图可以看出，上影线开始变长，截至2021年1月19日的蜡烛图的上影线达到最长，此时转折出现，自2021年1月20日开始下跌；同理，我们也可以看到在2021年2月1日，即经过一段时间下跌趋势后，出现了一根较长的下影线，此后经过短暂盘整，趋势开始向上。

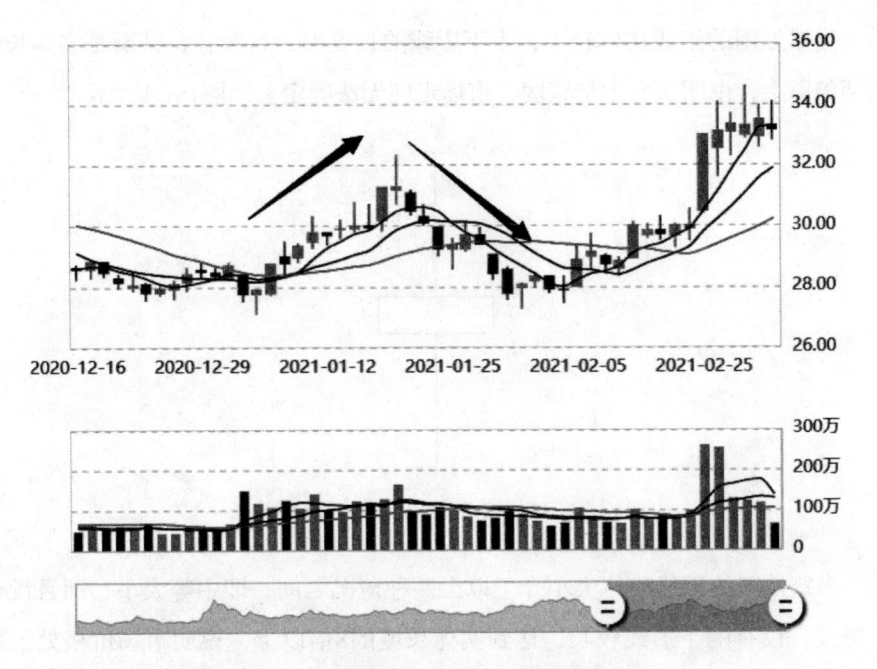

图1-22 万科A（000002）日K线图

3. 通过实体与影线的比例变化反映蜡烛图的走向。

蜡烛图实体和影线所形成的比例程度，往往可以体现蜡烛图的走向。当蜡烛图的阳线实体较大，上下影线长度相当，且都较短的时候，说明最高价格与收盘价格，最低价格与开盘价格的差距都较小，也就意味着价格的波动较小，买方的力量较强。如图1-23所示。

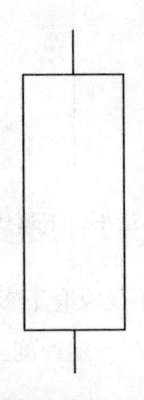

图1-23 阳线实体较大，上下影线较短

021

当蜡烛图的阳线实体较小，上下影线的长度相当且较长，甚至是实体长度的两倍以上，说明买方力量较弱，市场走向无法确定。如图1-24所示。

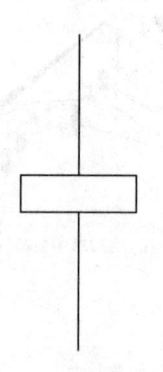

图1-24 阳线实体较小，上下影线较长

当蜡烛图的阳线实体大小介于以上两种情况之间，即中等大小，而且没有上影线，仅有的下影线较长，达到实体长度的3倍以上，说明市场价格处于止跌状态，并于高价收盘，买方的力量很强，在一定程度上对市场进行了控制。如图1-25所示。

图1-25 阳线实体适中，下影线较长且无上影线

当蜡烛图的阴线实体很大，不仅没有下影线，而且上影线很短，只有实体部分的十分之一左右，说明卖方在一定程度上对市场进行了控制。如图1-26所示。

图1-26 阴线实体较大，无下影线且上影线较短

与蜡烛图阳线实体的第二种情况相似，当蜡烛图的阴线实体较小，上下影线的长度相当且较长，甚至是实体长度的两倍以上，同样代表市场走向无法确定。如图1-27所示。

图1-27 阴线实体较小，上下影线较长

当蜡烛图的阴线实体较小，同时具有较长的上影线和较短的下影线，且上影线是实体部分和下影线长度的数倍，说明市场价格并没有收盘于高价。如图1-28所示。

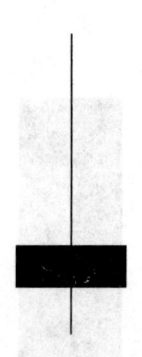

图1-28 阴线实体较小，上影线较长，下影线较短

在强趋势出现时，无论这个强趋势是向上，还是向下，影线的长度通常都会小于实体部分。影线越短，趋势表现越强，价格表现就会紧跟趋势方向加快波动。如图1-29所示。

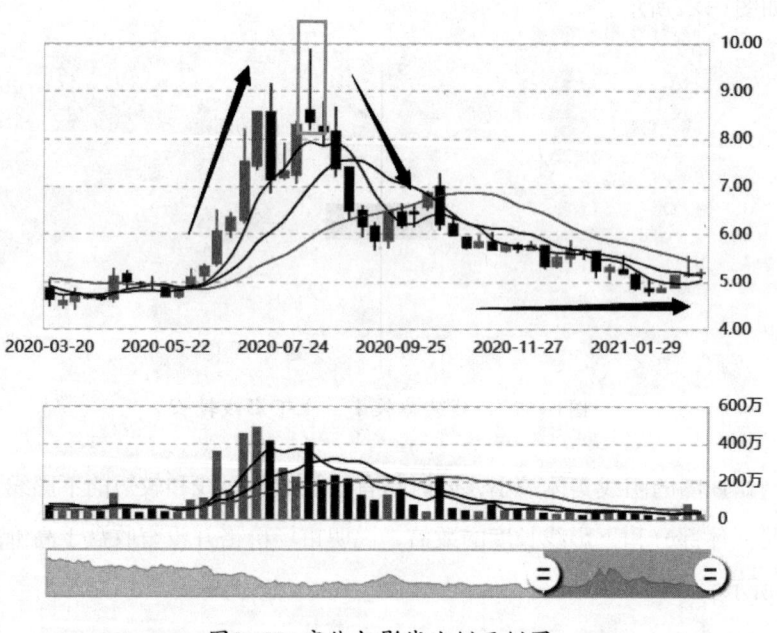

图1-29 实体与影线比例示例图

如果出现了短实体和长影线的蜡烛图，通常说明市场处于盘整阶段或者转折点，如图1-29中方框所标注的蜡烛图形态。而在图1-29右侧箭头所示部分，我们可以看到影线逐渐变长，实体部分缩小，说明趋势减缓了。

需要注意的是，在实战中，对于蜡烛图技术基本原理的三个方面，必须结合运用，就像我们不应该仅依据单根蜡烛图进行交易一样，必须做到综合考虑，才可以真正捕获蜡烛图发出的市场信号。

第二章

单根蜡烛图的形态

第二章　单根蜡烛图的形态

蜡烛图的形态可谓千变万化，种类众多，哪怕只有一根蜡烛图，也会随着价格的变动情况出现多种形态，传递出大量市场信号，甚至也可以构成反转形态等。

下面介绍几种基本的单根蜡烛图的形态。如图2-1所示：

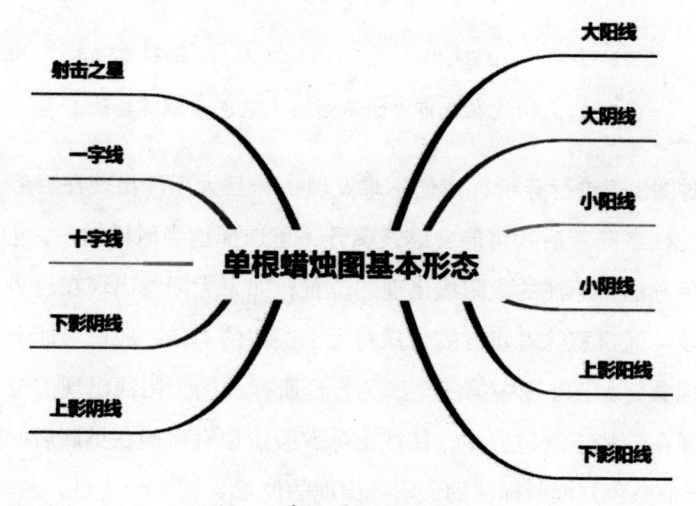

图2-1 单根蜡烛图基本形态

大阳线

根据价格指标的变动情况，当全日的最低价等于或略小于开盘价，收盘价等于或略小于最高价时，便会形成大阳线形态。大阳线会出现于股价的各种趋

029

势中，意味着买方力量较强，而且实体越大，说明买方力量越强，价格会持续上涨至最高价处收盘。大阳线的出现，一般代表着涨势仍在继续。如图2-2所示。

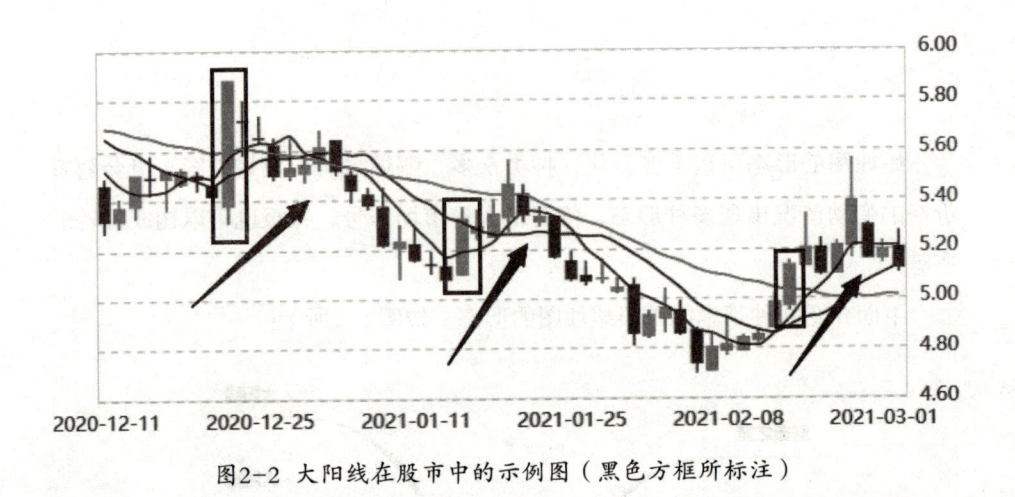

图2-2 大阳线在股市中的示例图（黑色方框所标注）

如果对图2-2进行分析，我们不难发现，一旦大阳线出现在趋势开始上涨的前期，往往意味着后续可能会继续飙升，可选择适当时机做多，如图2-2中第二个黑色方框所标注的大阳线出现的位置；如果大阳线出现在趋势正在上升的中间阶段，通常意味着卖方的力量将大于买方的力量，股价可能会在见顶后出现回落现象，如图2-2中第三个黑色方框所标注的大阳线出现的位置；如果大阳线出现在趋势下跌过程中，往往意味着股价很有可能在见底后回升，如图2-2中第一个黑色方框所标注的大阳线出现的位置。

同时，通过对图2-2的观察，我们也不难发现，大阳线也可以有多种形式，包括秃头光脚大阳线、光脚上影大阳线、秃头下影大阳线、上下影大阳线。如图2-3、图2-4、图2-5、图2-6所示。

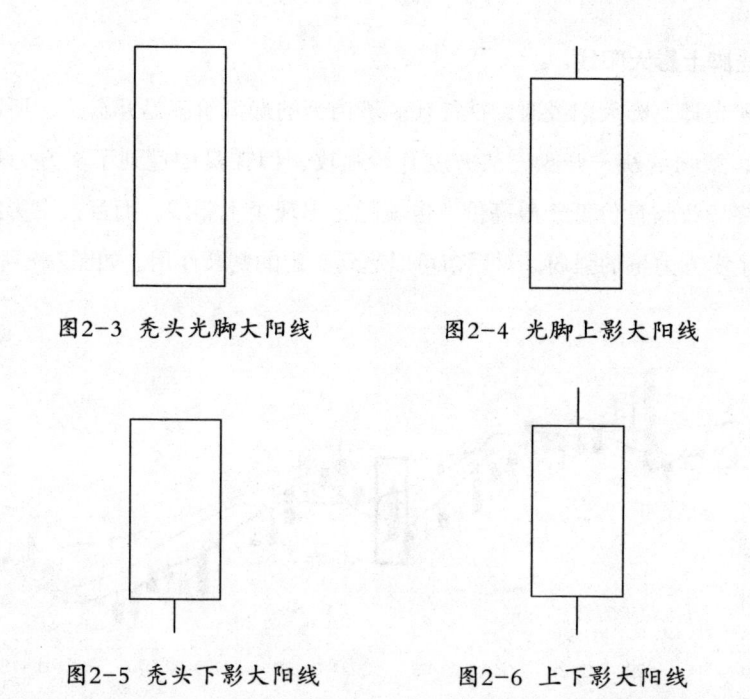

图2-3 秃头光脚大阳线　　　　图2-4 光脚上影大阳线

图2-5 秃头下影大阳线　　　　图2-6 上下影大阳线

1. 秃头光脚大阳线。

秃头光脚大阳线没有上下影线，也就是说，开盘价等于最低价，收盘价等于最高价，意味着买方从开盘就发起了猛烈攻势，直到收盘，始终压制着卖方，占据着最大优势。从趋势来看，表明涨势强烈。如图2-7所示。

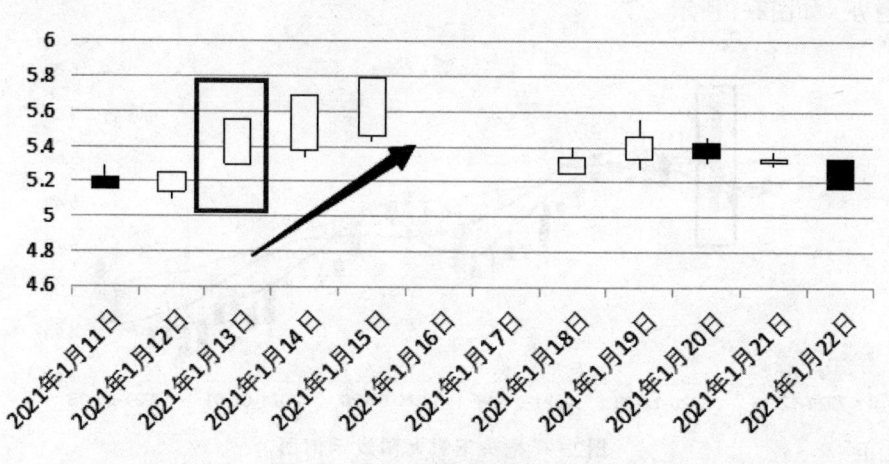

图2-7 秃头光脚大阳线示例图

2. 光脚上影大阳线。

出现光脚上影大阳线时，往往代表着当天的最低价就是开盘价，所以没有下影线，意味着从一开盘，买方就开始强攻，但在盘中遭到了卖方力量的阻击，最终导致收盘价低于最高价，也就随之出现了上影线。而且，上影线的长短决定了卖方力量的强弱，对后市可以起到一定的判断作用。如图2-8所示。

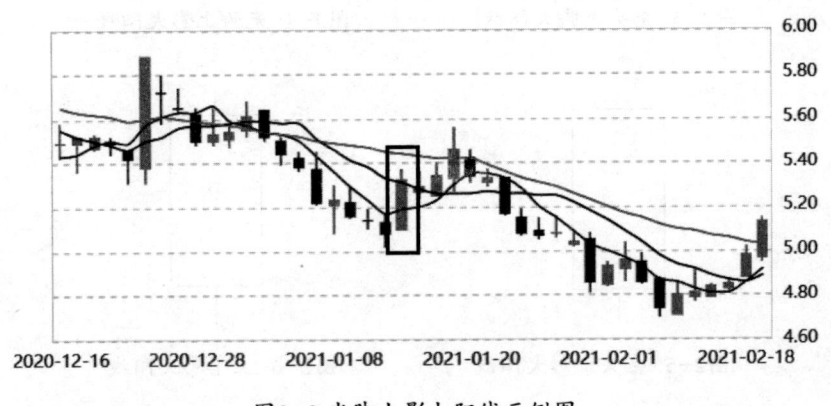

图2-8 光脚上影大阳线示例图

3. 秃头下影大阳线。

秃头下影大阳线的出现，代表当天收盘价等于全天的最高价，所以没有上影线，表示买方的力量很强大，后续的价格走势依然会延续买方情绪，呈向上趋势。如图2-9所示。

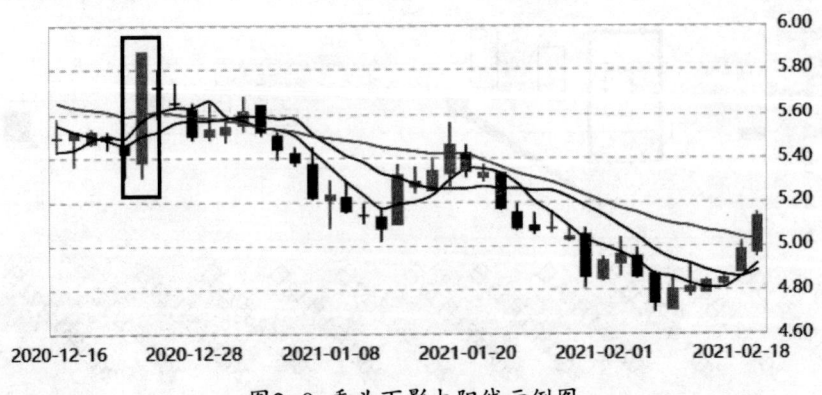

图2-9 秃头下影大阳线示例图

4. **上下影大阳线。**

上下影大阳线往往是买卖双方经过激烈角逐后的"产物",而且尚未分出胜负,很容易误导投资者做出错误的决策,所以需要谨慎对待上下影大阳线,可继续观望。如图2-10所示。

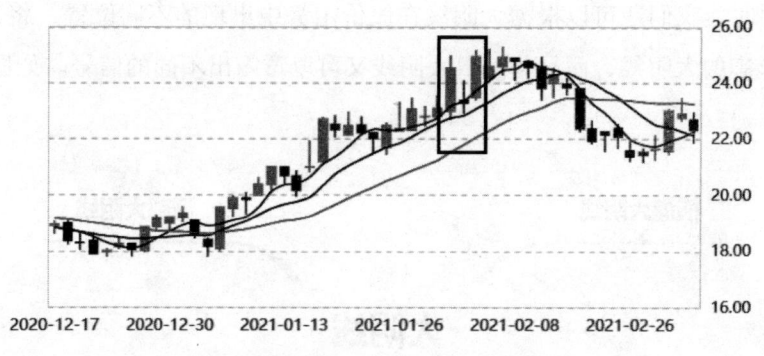

图2-10 上下影大阳线示例图

大阴线

大阴线形态的出现,说明当天的开盘价就是全天的最高价,当天收盘价就是全天的最低价,开盘价和收盘价之间出现了6%以上的波动,最大波动范围可达20%,也就是常说的以涨停板开盘,以跌停板收盘。所以,这种阴线具有很长的实体,没有影线或者影线很短。如图2-11所示。

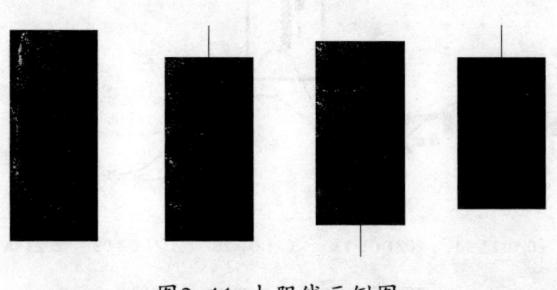

图2-11 大阴线示例图

大阴线又称长阴线、长黑线，尤其是这些叫法中的最后一种叫法，从图2-11的形态中完全可以得到体现。大阴线代表卖方的力量很强大，甚至达到了使买方毫无还手之力的程度，而且其实体长度越长，表示卖方力量越强，后市看跌。

同时，我们还可以根据大阴线在股价走势中出现的不同位置，将其分为不同形态的大阴线，而且每一根大阴线又可以透露出不同的信号。如图2-12所示。

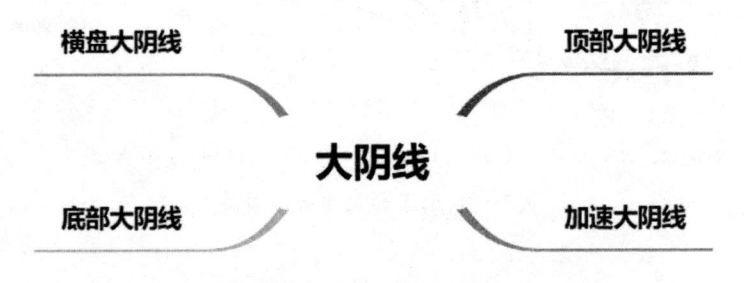

图2-12 大阴线的多种形态

1. 顶部大阴线。

在股价连续上涨行情中，一般在趋势上升的顶部会出现大阴线，这也是它被叫作顶部大阴线的主要原因。出现顶部大阴线代表卖方突然发起总攻，买方被压制性节节败退，往往会发出顶部反转信号，而且这根大阴线很可能会与之前的蜡烛线构成下跌趋势，所以投资者此时应该考虑做空。如图2-13所示。

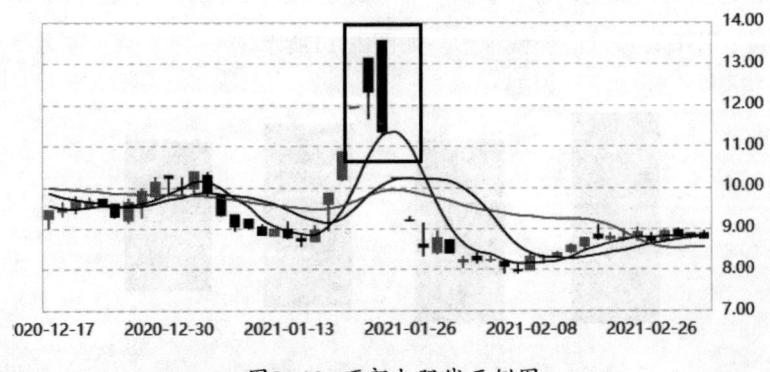

图2-13 顶部大阴线示例图

2. 加速大阴线。

加速大阴线经常出现在股价下跌趋势中，代表卖方依然占据着制高点，所以很可能会继续推动趋势向下，依然是需要做空的信号。如图2-14所示。

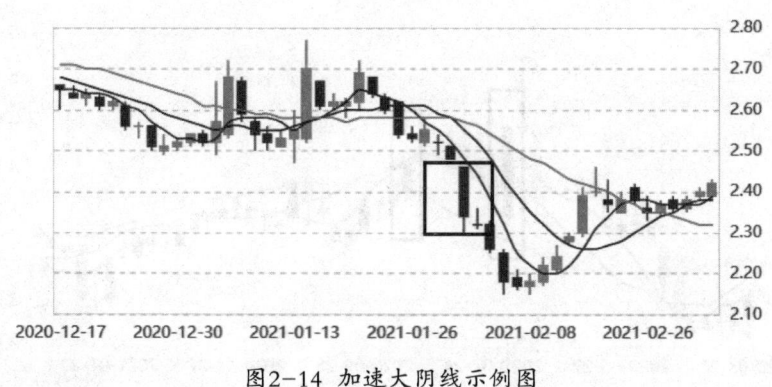

图2-14 加速大阴线示例图

3. 底部大阴线。

当趋势形成漫长且巨大的跌势、跌幅后，也就是在即将触底时出现的大阴线，叫作底部大阴线。底部大阴线具有很明显的特征，就是其实体长度相比之前的阴线长度要长3~5倍，代表卖方在用尽所有力量最后一搏，此时的投资者应该耐心观望，既不要做空，也不要做多。如图2-15所示。

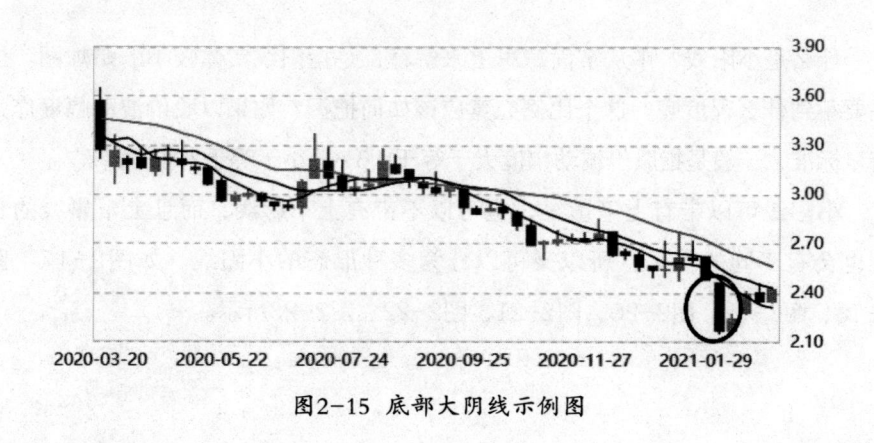

图2-15 底部大阴线示例图

4. 横盘大阴线。

横盘大阴线通常出现在趋势既不向上也不向下的盘整状态，意味着后市并不被投资者看好，应保持观望为主。然而，也有另外一种情况，即在相对高位或者趋势下跌的中间过程，一旦在数量和长度上出现了较大比例的大阴线，则意味着趋势将持续向下，应及时做空。如图2-16所示。

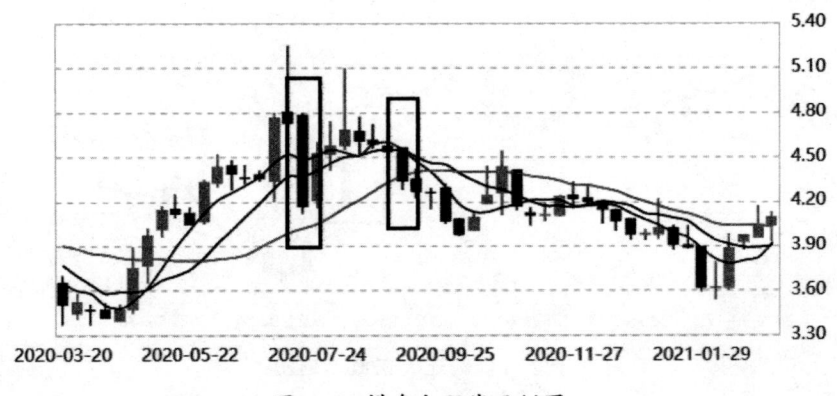

图2-16 横盘大阴线示例图

小阳线

什么是小阳线？单从字面意思上来解释，是指阳线实体较小的蜡烛图。但是要小到什么程度呢？这个比例究竟应该如何把握？如果以股价波动幅度作为衡量标准，一般是指股价波动幅度大于等于0.6%，小于等于2%的阳线。

小阳线可以带有上下影线，也可以不带有上下影线，而且上下影线的长短也会有不同的变化，所以又可以分为多种形态的小阳线。如图2-17、图2-18、图2-19、图2-20、图2-21、图2-22、图2-23所示。

第二章 单根蜡烛图的形态

```
带有上短下长影线的小阳线          光头光脚小阳线
带有上长下短影线的小阳线   小阳线   光头小阳线
带有较短上下影线的小阳线          光脚小阳线
```

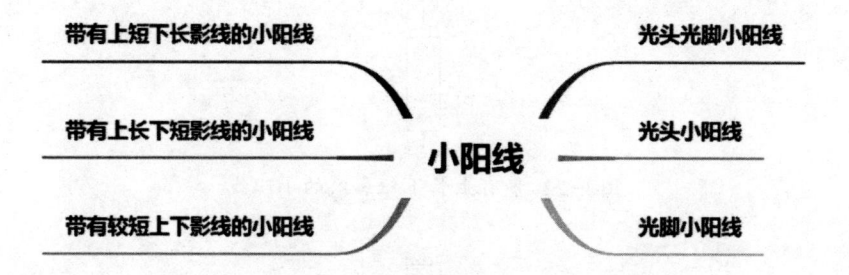

图2-17 小阳线的不同形态

图2-18 光头光脚小阳线

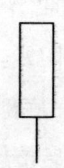

图2-19 光头小阳线

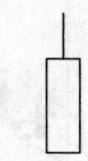

图2-20 光脚小阳线

图2-21 带有较短上下影线的小阳线

037

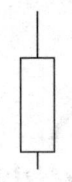

图2-22 带有上长下短影线的小阳线

图2-23 带有上短下长影线的小阳线

1. 光头光脚小阳线。

如果当天的最低价就是开盘价，收盘价等于最高价，且股价波动幅度处于0.6%~2%之间，便会出现光头光脚小阳线。如图2-24所示。

通常，光头光脚小阳线会出现在底部区域，代表买方力量略强于卖方力量，而且买方正在策划一场反击战，后市趋势走向可能会向上。

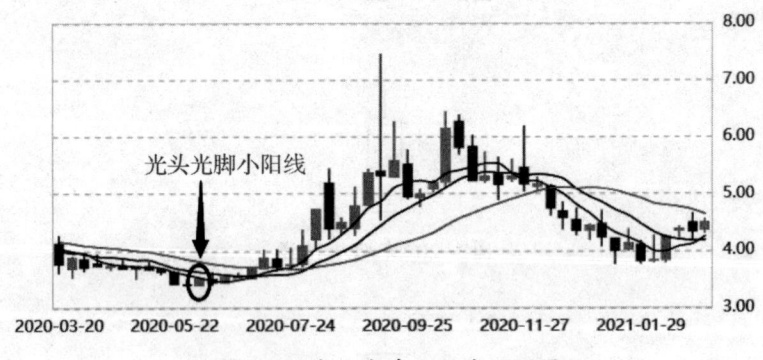

图2-24 光头光脚小阳线示例图

2. 光头小阳线。

光头小阳线是指当天收盘价就是全天最高价，虽然没有上影线，但下影线却可长可短，往往会在底部区域出现，意味着主力正在积极建仓或者低位回补，所以可以择机做多。如图2-25所示。

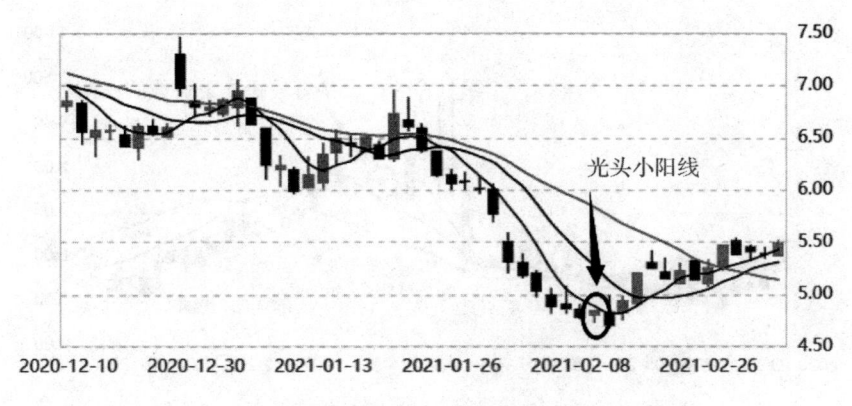

图2-25 光头小阳线示例图

3. 光脚小阳线。

光脚小阳线是指当天开盘价就是全天最低价，虽然没有下影线，但上影线却可长可短，而且由于会出现在不同的位置，所以透露出的信号也会不一样，必须持续观望，进而把握最好的时机。如图2-26所示。

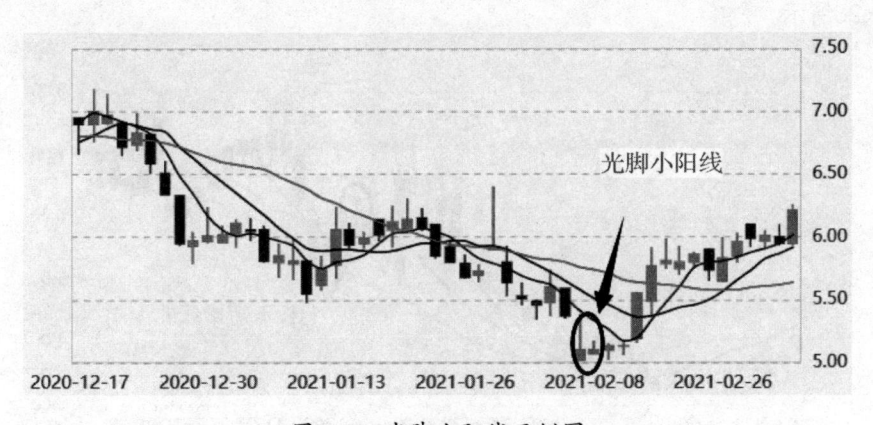

图2-26 光脚小阳线示例图

4. 带有较短上下影线的小阳线。

这种小阳线具有比较短的上下影线，外表特征比较明显，代表买卖双方正在进行力量比拼，都想在这种运动的过程中找到一种平衡，免遭两败俱伤。如图2-27所示。

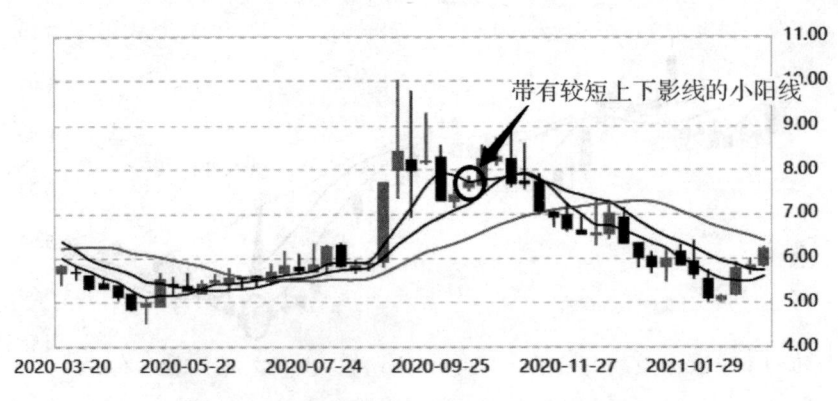

图2-27 带有较短上下影线的小阳线示例图

5. 带有上长下短影线的小阳线。

这种小阳线往往带有迷惑投资者的意图。因为单从较长的上影线的表象来看，意味着卖方负有较重的抛压，但是否真正抛压，无法做出断定，很可能也是在刻意粉饰某种意图，应对买卖双方的力量变化情况进行实时关注。如图2-28所示。

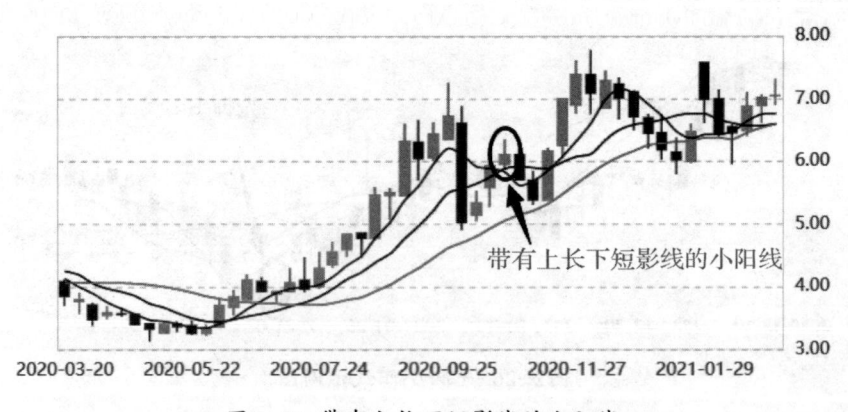

图2-28 带有上长下短影线的小阳线

6. 带有上短下长影线的小阳线。

这种小阳线也不会发出特别明显的信号。虽然从其形态上可以看出买方在强力支撑，但无法预判最后的结果，所以依然需要结合市场大趋势进行分析判断。如图2-29所示。

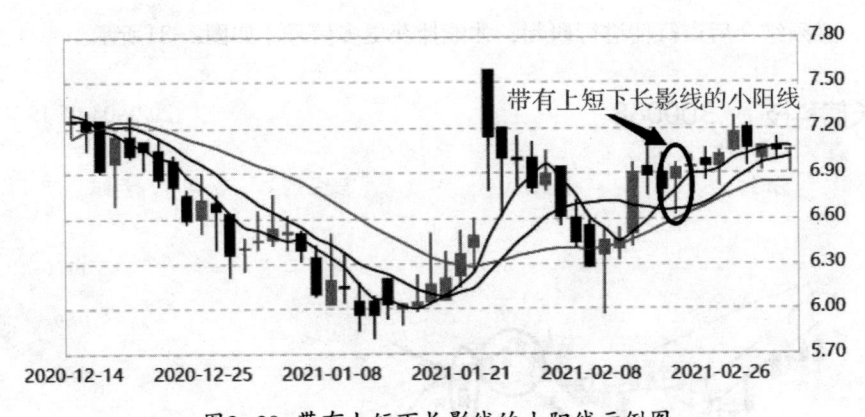

图2-29 带有上短下长影线的小阳线示例图

小阴线

小阴线与小阳线相对，是指阴线实体较小的蜡烛图，代表股价的波动幅度较小，通常也不会超过2%，上下影线时有时无，可长可短，所以会出现不同形态的变化。如图2-30所示。

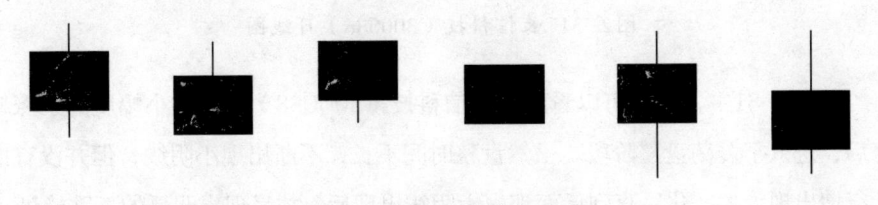

图2-30 小阴线的多种形态

小阴线会在行情的下跌过程中出现，也会出现在上涨行情中，但一般出现在盘整状态的概率更大，往往是在发出当前行情不明朗的信号。小阴线表明当前的趋势会持续，买卖双方只是发出了较小的力量在进行博弈，卖方占据了较小的优势。

由此可知，如果想要通过一根小阴线做出判断，似乎意义不大。也就是说，必须结合后市行情进行研判，才能捕获更多信号。如图2-31所示。

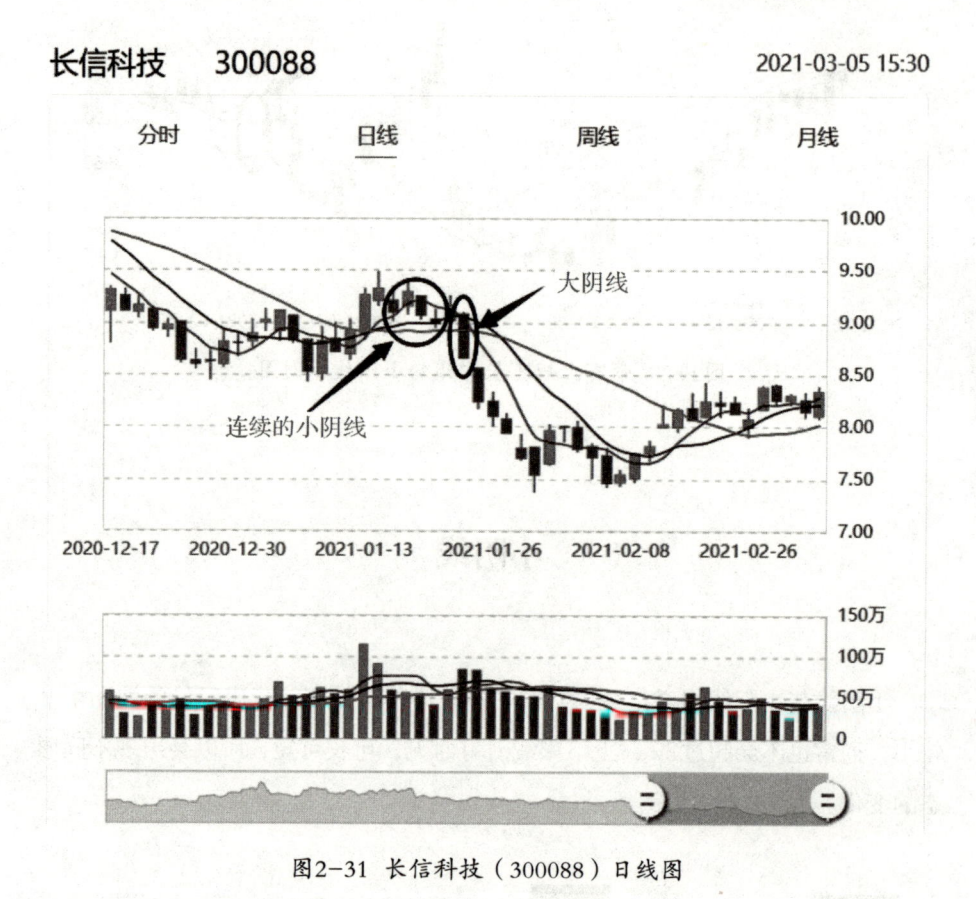

图2-31 长信科技（300088）日线图

从图2-31中，我们可以看到，长信科技（300088）在经过小幅度的上涨趋势后，进入了震荡盘整阶段。虽然盘整时间不长，不断出现小阴线，但并没有推动行情出现大的变化，直到后面那根大阴线出现后，才呈现出明显的下跌趋势。

上影阳线

上影阳线即没有下影线，只有上影线的蜡烛图形态，说明全天的最低价就是当天的开盘价。究其形成原因，我们不难发现，买方从一开盘就发起了强大攻势，但卖方也并没有坐以待毙，迅速发起反攻，大力做空，一时间买方被压制，导致市场进入了供过于求的局面，股价不得不顺势向下。

根据上影阳线实体大小与影线长短的比例，也可以分为多种形态。如图2-32所示。

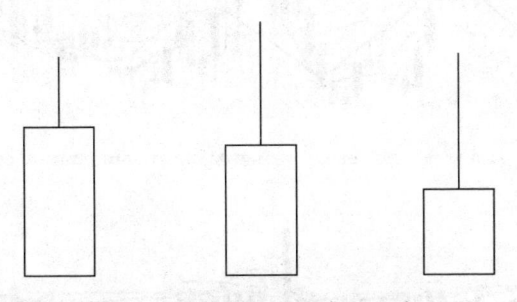

图2-32 上影阳线的多种形态

从图2-32中，我们可以看出，最左侧的上影阳线的影线长度要明显小于实体长度，代表买方的力量大于卖方的力量，虽然股价在高位的时候曾遇到卖方阻力，致使一些买方做出了抛售获利的行为，但后市行情依然属于看涨阶段。中间的上影阳线的影线长度与实体长度相当，意味着买卖双方在股价拉升过程中经过激烈交战，最终结果是卖方夺回了一半阵地，即将股价压回一半。最右侧的上影阳线的影线长度显然要长于实体长度，说明买方最终没有顶住卖方强大的力量攻击，不得不节节退守，而且卖方力量依然有加强的趋势，买方很可能在后市中被彻底打败，所以后市行情应该是看跌。如图2-33所示。

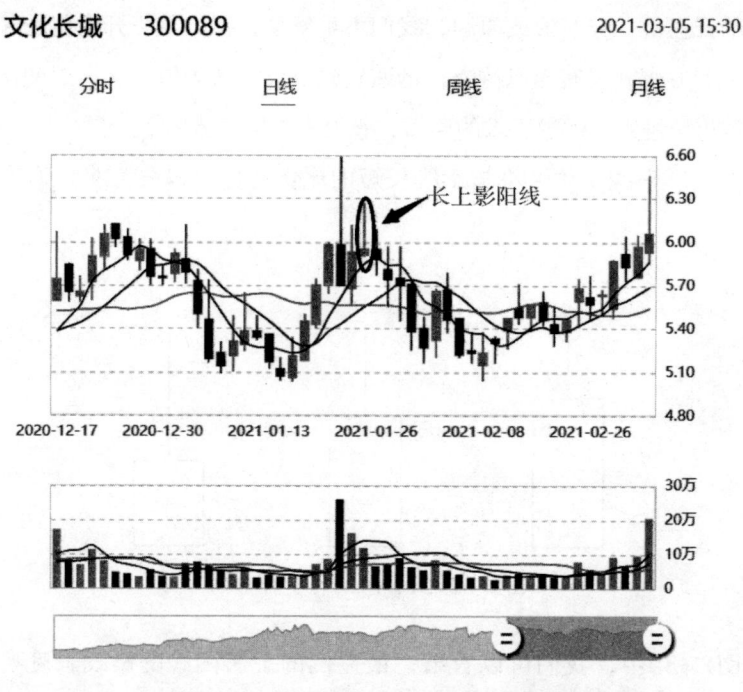

图2-33 文化长城（300089）日线图

从图2-33中，我们可以看出，文化长城（300089）的股价在经过一段时间的涨幅之后，在相对高位出现了一根带有较长上影线的阳线，虽然在后市的短暂变化中，并没有出现明显的下跌，而是与一根小阴线形成了很短暂的盘整状态，但随后马上出现了大跌。所以，在这根长上影阳线出现的时候，即预示着顶部即将到来，股价即将进入下降趋势，可及时做空。

下影阳线

下影阳线即没有上影线，只有下影线的蜡烛图，说明当天的收盘价就是全天的最高价，表示的是收盘价和最低价之间的差额，意味着买方的力量大于卖方的力量。虽然开盘后的股价走势是先跌后涨，但由于买方的攻击沉稳有力，导致股价开始反弹，并收于低点之上，进而出现下影线，透露出来的是行情具有进一步上涨潜力的信号。

其实，从名称上我们也可以得知，下影阳线与上影阳线正好相反，所以下影阳线与上影阳线所表现出来的形态也是相对应的。如图2-34所示。

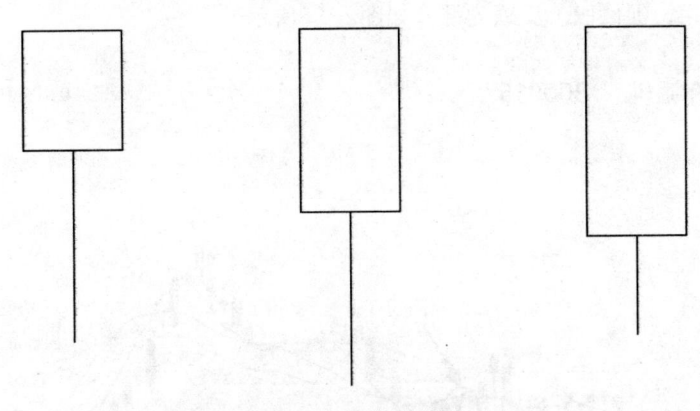

图2-34 下影阳线的多种形态

同理，下影阳线与上影阳线也有着相反的判断方法。当出现图2-34中最左侧的下影阳线形态时，实体部分的长度明显要小于影线的长度，说明买卖双方在低价位上曾经发生过残酷的博弈，最终由于买方压制了卖方促使趋势开始向上，但这种胜利只是一时的，一旦卖方在下一个交易日发起强有力的反击战，买方将以失败收场，即实体部分将消失。当出现图2-34中居中的下影阳线形态时，我们可以清楚地看到，实体部分的长度与下影线的长度基本相等，同样表示买卖双方在低价位上曾经发生过残酷的博弈，依然是买方略占优势。当出现图2-34中最右侧的下影阳线形态时，单从图形上来看，实体部分的长度明显要比下影线的长度长，表示买方的力量比较强劲，虽然曾遭遇股价下跌的打击，但在买方强有力的支撑下，一路上攻直至冲破开盘价，甚至依然带有继续上攻的势头。

显而易见，对于下影阳线形态的判断离不开下影线长短的影响，甚至在实体非常小的情况下，可以只通过影线的长短进行预判。通常而言，下影线越短，阻止股价下跌的力量就越小；相反，下影线越长，阻止股价下跌的力量就越大。所以，下影阳线发出的是股价持续或反转上涨的信号。如果说得更通俗一点，就是根据下影阳线出现的位置，可以直接预判股价走势，而且带来的往往是"强者愈强"的作用。例如，当下影阳线出现在股价向上趋势中时，将推动股价继续向上；当下影阳线出现在股价向下的趋势中时，也会起到"起死回生"的作用，促使股价反跌为涨。如图2-35所示。

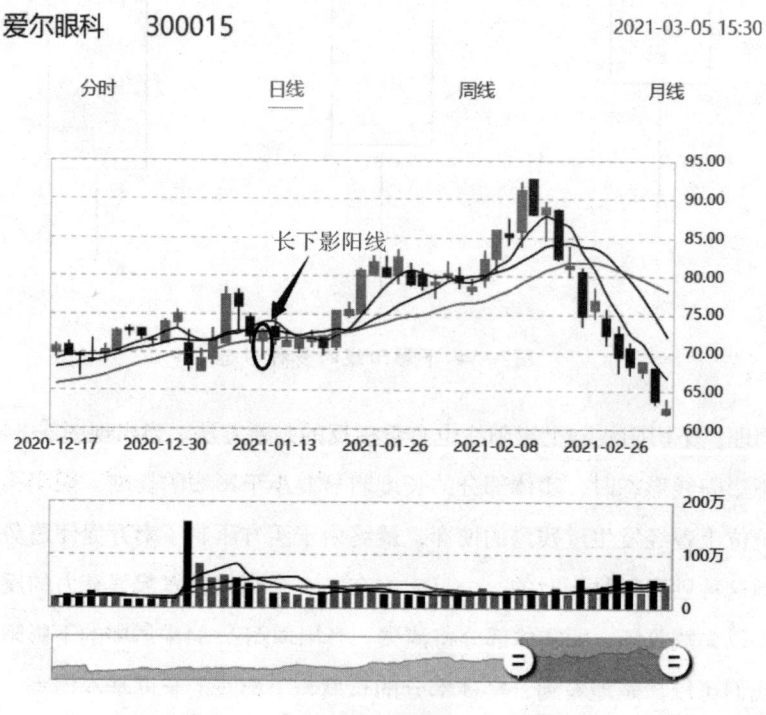

图2-35 爱尔眼科（300015）日线图

图2-35为爱尔眼科（300015）日线图。该股开盘后，一直处于不温不火的状态，但从上图可以看出，在图中所标注的长下影阳线出现后，虽然也持续了一段盘整阶段，后续却呈明显上升趋势。

上影阴线

上影阴线是指带有上影线的阴实体形态蜡烛图，表示的是当天的开盘价高于收盘价，通常是因为在当天的买卖双方交战中，最终买方衰败，卖方强势出现。然而，在这一交战过程中，刚开始的时候买方是占据上风的，曾一度促使价位飙升，但这又好像是一个坑，而且是卖方挖的坑，在等着买方自投罗网。所以，往往在价位达到一定高度后，卖方开始出手，并强力反击，买方毫无还手之力，最终不得不束手就擒，甚至陷入了被套牢的困境。

上影阴线的形态根据其实体部分的长短和上影线的长短，可以表现出多种不同形态。如图2-36所示。

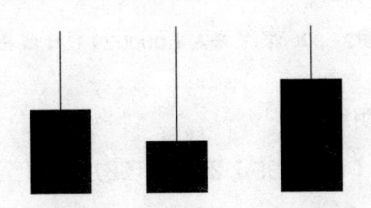

图2-36 上影阴线的多种形态

图2-36中最左侧的上影阴线的形态特征是，阴实体的长短与上影线的长短基本一致，代表买方虽然在用力推动价位向上，但同时卖方也在用力压制，而且要强于买方。中间位置的上影阴线的形态特征是，阴实体的长度明显要小于上影线的长度，说明价格在卖方的推动下，虽然趋势向下，但卖方并没有完全掌握主动权，如果在下一个交易日开盘后，买方发起强有力的反击战，便会出现阴实体越来越小的现象。最右侧的上影阴线的形态特征是，阴实体的长度大于上影线的长度，意味着卖方占据着很大的优势，买方在卖方的攻击下，把已经上推的价位也丢失了，直至价位打破开盘价后依然持续向下。

当然，根据上影阴线在趋势中所出现的位置的不同，也会透露出不同的信号。我们可以通过几个实例对上影阴线出现在不同价位区间时发出的信号进行分析。

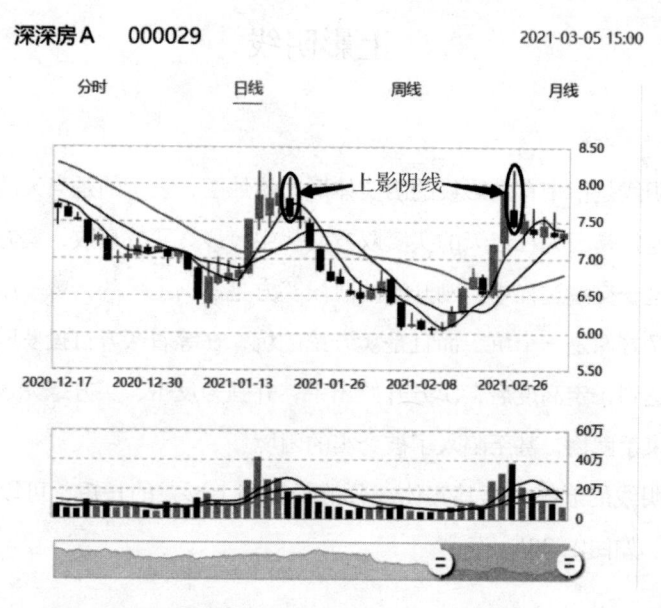

图2-37 深深房A（000029）日线图

1. 高价位区的上影阴线。

图2-37为深深房A（000029）2020年12月17日至2021年2月26日期间股价走势图。从图中可以看到该股在此期间出现了两次急速上涨（第一次红色蜡烛图集中的区域和第二次红色蜡烛图比较集中的区域），这种急速上涨现象与该股所发布的利好消息有关，但消息内容并不是我们关注的重点。从图中标注可以看到，该股每经历一波急速上涨之后，都会出现一根上影线很长的上影阴线。这一形态的出现预示着市场的获利盘开始大量涌出，是市场抛压沉重的表现，考虑到此股此时的价位相对于前期的底部价位而言，已出现巨大的累计涨幅，因此这一根上影阴线是此股上升趋势见顶的标志，所以每次出现上影阴线后，股价便开始一路下跌。可以说，上影阴线的出现能够很好地预示后期行情走势，投资者在看到这一形态出现后，应抓住时机尽快抛出获利、保住利润。

2. 中价位区的上影阴线。

图2-38是深科技（000021）日线图。我们可以看到图中上影阴线出现的位置处于中价位区的上升趋势中，虽然上影线较长，但往往不会出现马上下跌的可能，后续趋势依然会向上。

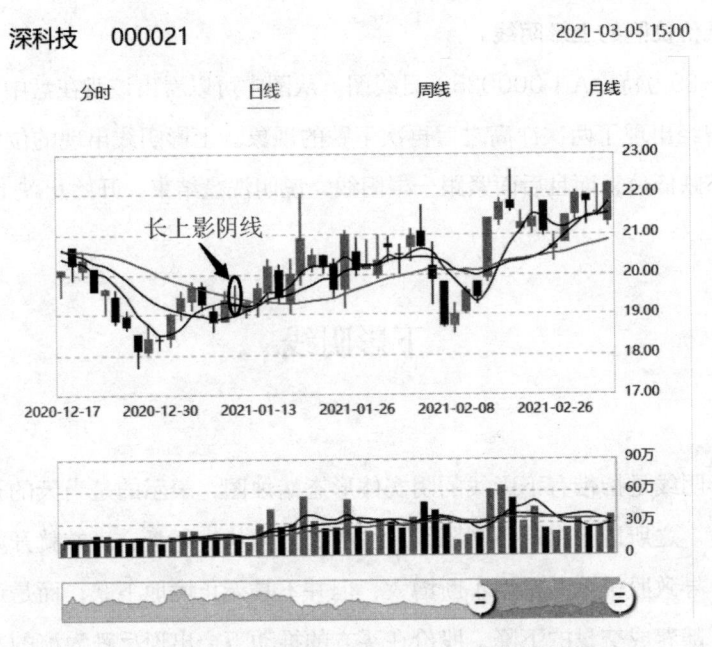

图2-38 深科技（000021）日线图

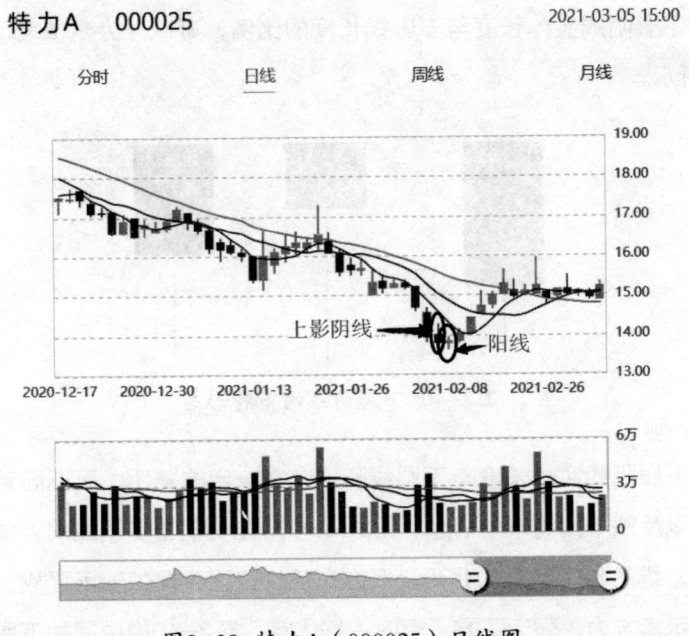

图2-39 特力A（000025）日线图

3. 低价位区的上影阴线。

图2-39为特力A（000025）日线图。从图中可以看出该股在盘中的表现特征是，曾经出现了两次冲高之后再次下跌的现象。上影阴线出现的位置可以说是属于下跌低位，而且后面紧跟一根阳线，说明洗盘结束，开始止跌上涨。

下影阴线

下影阴线是指带有下影线的阴实体形态蜡烛图，表示的是当天的开盘价高于收盘价。之所以会出现下影阴线，往往是因为从一开盘，卖方就开始大力抛出获利，导致股价下跌幅度不断增大，但并不是无止境地下跌，而是达到一定价位后，随着成交量的下降，股价在买方的推动下会出现反跌为涨的态势。可惜的是，买方并不是很给力，最终的收盘价依然低于开盘价，随之便出现了下影阴线。

根据下影阴线实体长度与下影线长度的比例，可以分为多种表现形态。如图2-40所示。

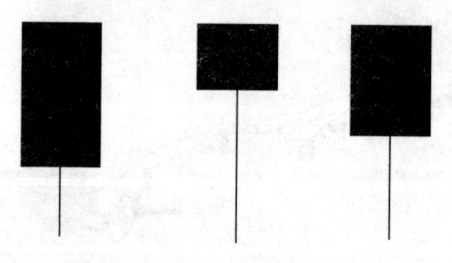

图2-40 下影阴线的多种形态

由于下影阴线实体长度与下影线长度存在一定的差距，而不同差距的下影阴线则可以反映不同的市场信息。图2-40中最左侧的下影阴线的实体长度明显要大于下影线的长度，意味着买卖双方在低价位区会发生一场恶战，而较短的下影线表示卖方力量强于买方，暂时占据优势。图2-40中中间的下影阴线的下影线的长度似乎达到了实体长度的两倍，很可能是一种止跌反转上涨的信号，尤其是出现在低价位区时，因为买方对于卖方打压下来的股价趋势进行了强有力的反攻，即便最终收盘价依然低于开盘价，但是买方已经占据了有利位置，而且随着买盘的不断进入（因为处于低价位区），只要继续加大力量反攻，就会形成上涨趋势。图2-40中最右侧的下影阴线的实体长度与下影线的长度相当，表明股价被卖方打压向下后，买方并没有坐以待毙，而是不断积聚力量，所以后市并不会因为卖方暂时占据优势而出现趋势继续向下的现象，也不会因为买方力量在增强而瞬间出现趋势向上的现象，属于观望期。

可以说，在以上三种下影阴线形态中，尤其需要注意的是图2-40中下影阴线的下影线的长度似乎达到了实体长度的两倍的形态。如图2-41所示。

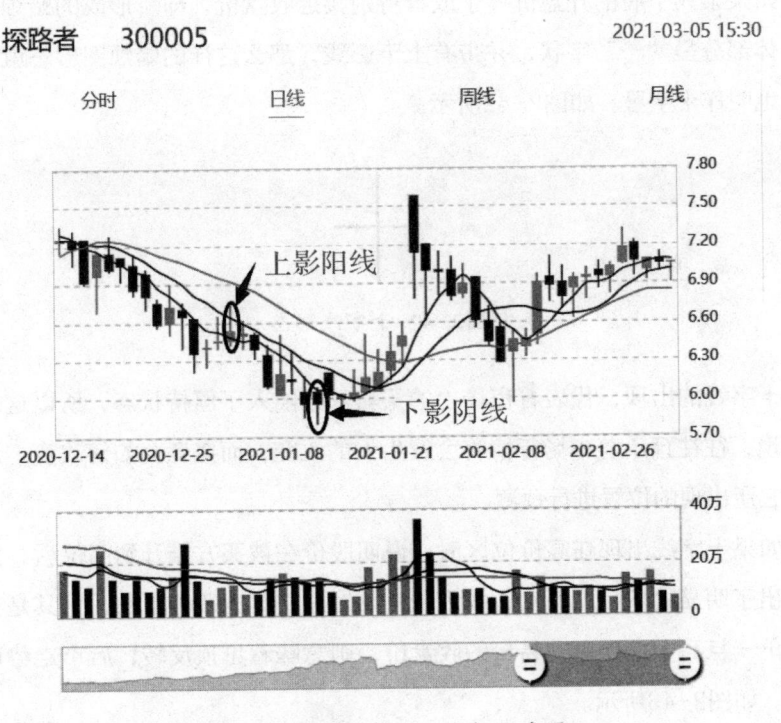

图2-41 探路者（300005）日线图

图2-41所示为探路者（300005）日线图。如果仔细观察探路者（300005）的股价趋势变动情况，不难发现，在图中所标注的出现上影阳线之前，其股价在小幅上涨；但上影阳线的出现表示股价继续上涨已经遇到了阻力，开始反转下跌；但是股价下跌到图中所标注的出现下影阴线的位置时，说明已经到达了低位区，意味着见底后开始反转上涨。

十字线（十字星）

如果某只个股的开盘价等于或者特别接近收盘价，即所形成的蜡烛图形态的实体部分呈"一"字状，并带有上下影线，那么这样的蜡烛图形态就是十字线，也叫作十字星。如图2-42所示。

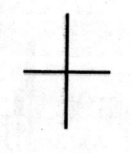

图2-42 十字线形态

十字线的出现，代表着市场上的买卖双方陷入了僵持状态，所以这个信号的出现，往往预示着市场行情将会发生大的改变，而究竟会如何改变，还需要结合它所出现的位置进行预测。

如果十字线出现在高价位区时，说明股价在被买方推升到高位后，其力量表现出了明显的不足，而卖方的力量开始增强并打压股价下跌，尤其是当天的收盘价一旦高于第二个交易日的收盘价，则意味着见顶反转，后市走势可能会向下。如图2-43所示。

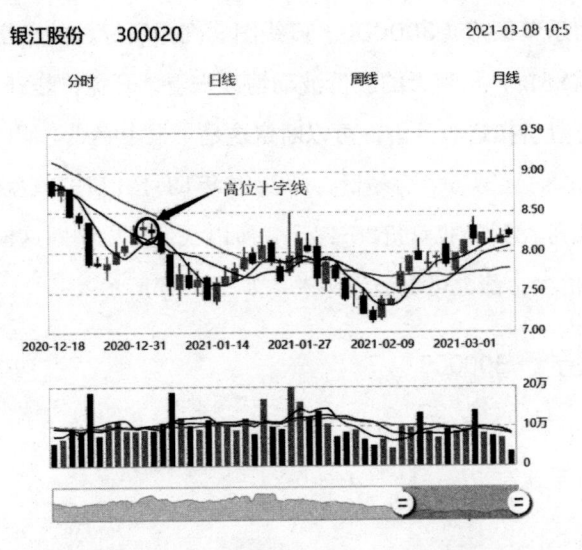

图2-43 银江股份（300020）日线图

如果十字线出现在低价位区时，说明股价在被卖方打压到低位后，出现了乏力现象，买方开始进入并推升股价上涨，特别是当天的收盘价低于第二个交易日的收盘价的情况下，往往预示着见底反转，未来行情可能会上扬。如图2-44所示。

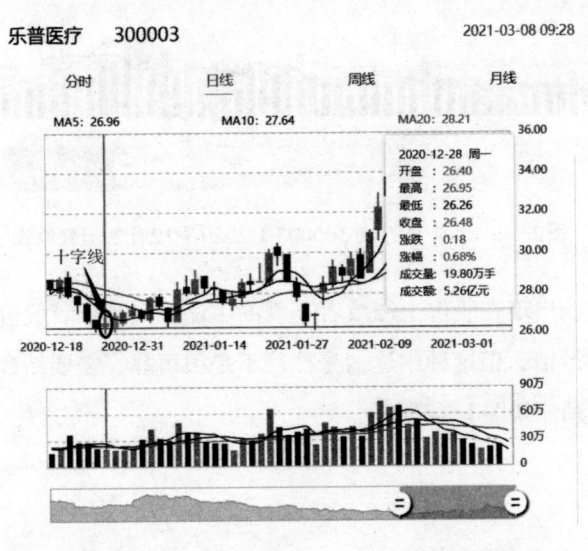

图2-44 乐普医疗（300003）2020年12月28日K线图

图2-44为乐普医疗（300003）日线图。图中所标注的十字线出现的时间是2020年12月28日，从当天的股价波动情况来看，开盘价是26.40元，收盘价是26.48元，开盘价接近收盘价，可以断定这是一根十字线。同时，这根十字线出现在了低位，而且第二个交易日，即2020年12月29日的收盘价是26.84元，高于2020年12月28日的收盘价26.48元，所以我们可以判断这根十字线是见底反转信号，股价会上涨，可以适当买入。如图2-45所示。

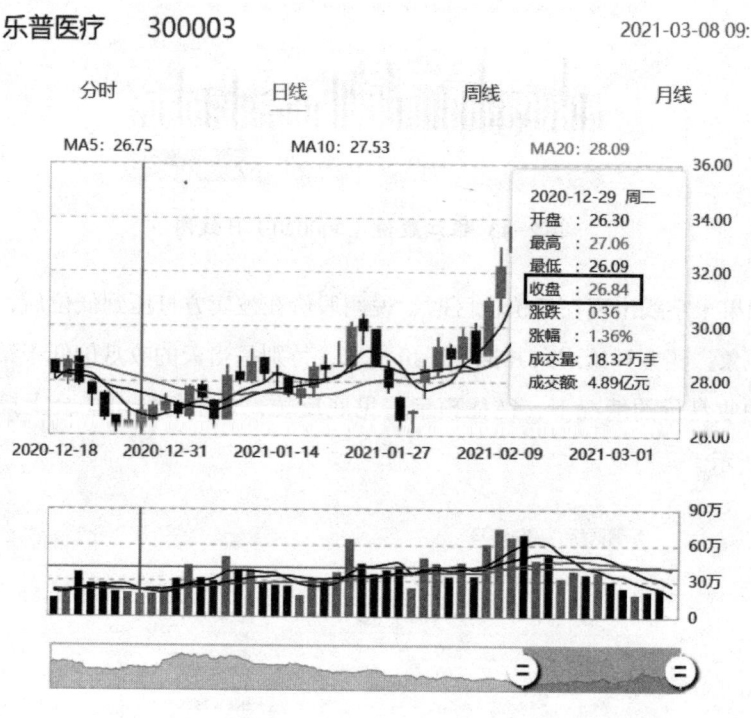

图2-45 乐普医疗（300003）2020年12月29日K线图

如果十字线出现在股价上涨或者下跌的中途，则预示着股价将延续之前向上或者向下的行情，但这种中途信号往往不是很可靠，需要结合其他蜡烛图形态进行综合研判。如图2-46所示。

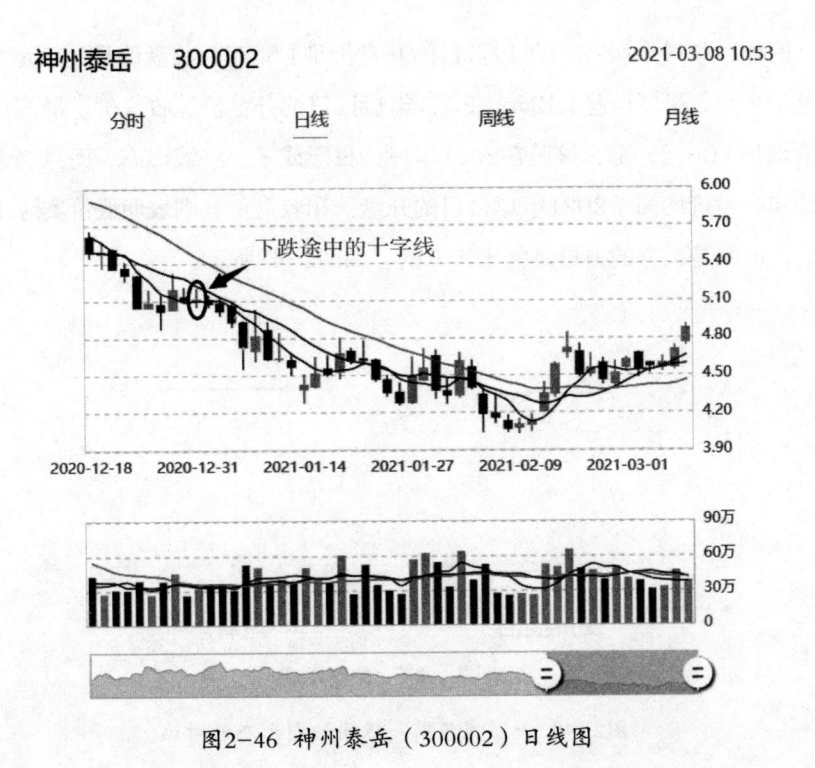

神州泰岳　300002　　　　　　　　　　　　2021-03-08 10:53

图2-46　神州泰岳（300002）日线图

一字线

什么是一字线？顾名思义，就是蜡烛图形态呈"一"字形状，表示当天的开盘价等于收盘价等于最高价等于最低价，意味着买卖双方的较量打了个平手，不分伯仲。如图2-47所示。

图2-47　一字线形态

如果一定要将买卖双方分出个胜负，必须结合一字线前后的蜡烛图形态进行综合研判。

055

例如，某只个股2021年1月1日的开盘价是4.50元，收盘价是4.89元，最高价是5.36元，最低价是4.13元，2021年1月2日的开盘价、收盘价、最高价和最低价均是5.00元，那么该股在2021年1月2日形成了一字线形态，而且当天的开盘价和收盘价均高于2021年1月1日的开盘价和收盘价，则表明股价实际上是上涨的，也就是买方的力量是强于卖方的。如图2-48所示。

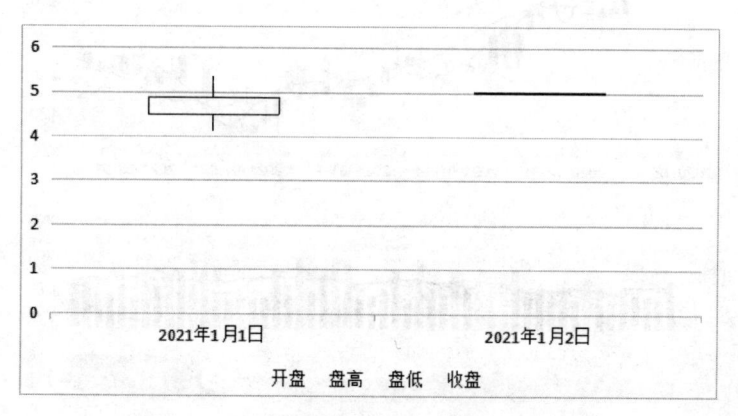

图2-48 一字线与前一根蜡烛图形态的对比

相反，如果该股在2021年1月2日的开盘价和收盘价均小于2021年1月1日的开盘价和收盘价（从图形上来看，一字线如果处于上一根蜡烛图实体下方），则表明卖方的力量实际上是大于买方力量的，真实的股价应该是下跌的。如图2-49所示。

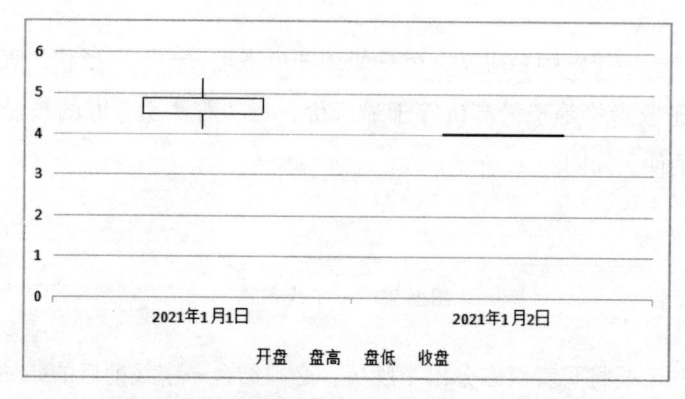

图2-49 一字线与前一根蜡烛图形态的对比

如果某只股票的趋势中出现了一字线形态，往往是需要特别留心的，因为一字线不仅会出现在上涨趋势中，也会出现在下跌趋势中，需要用心研判，方能保本获利。如图2-50所示。

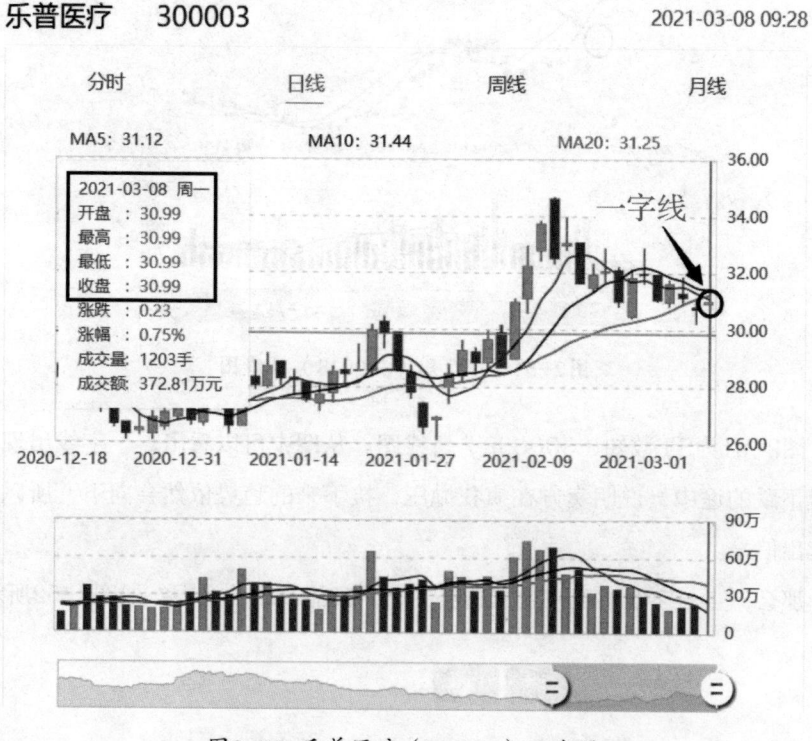

图2-50 乐普医疗（300003）日线图

图2-50为乐普医疗（300003）日线图。该股于2021年3月8日收出了一根一字线，那么应该如何研判其后市行情呢？这就需要依据一字线所出现的位置，进而对后市行情是上涨还是下跌做出相关判断。如图2-51所示。

日本蜡烛图技术

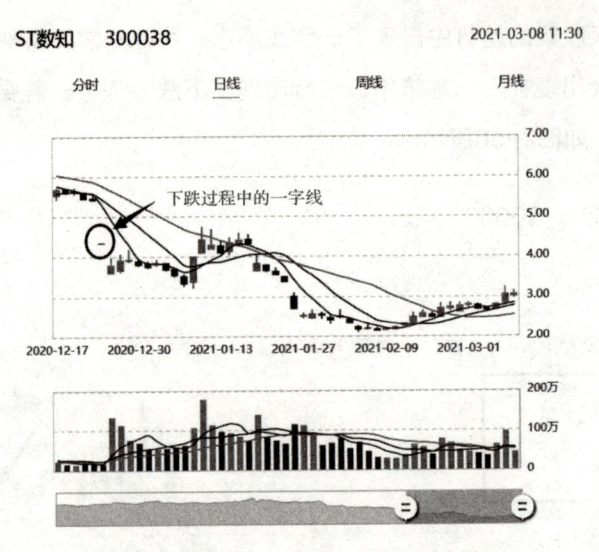

图2-51 ST数知（300038）日线图

图2-51为ST数知（300038）日线图。从图中可以看出，一字线出现在了该股下跌的途中，说明卖方在疯狂抛压，接下来的趋势依然会向下，所以是一种卖出信号。

那么，当一字线出现在上涨趋势中时，又能说明什么呢？如图2-52所示。

图2-52 万东医疗（600055）日线图

图2-52为万东医疗（600055）日线图。从图中我们可以看出该股在出现一字线之前，一直是振荡洗盘阶段，最后通过一根光头光脚阳线实现了突破，随后股价迅猛上涨，出现了第一根一字线，说明买方的力量非常强大，后面的趋势依然坚挺向上，但是出现连贯的一字线后，就需要重新进行研判了，不能盲目进场。

射击之星

射击之星也叫"倒转锤头"或者"流星"。究其原因，倒转锤头的叫法是从其形状而来的，流星的叫法则是依据其含义。

从图形上来看，射击之星的实体（可以是阳线，也可以是阴线）较小，带有实体长度两倍以上的上影线，下影线很短，甚至可以忽略不计。如图2-53所示。

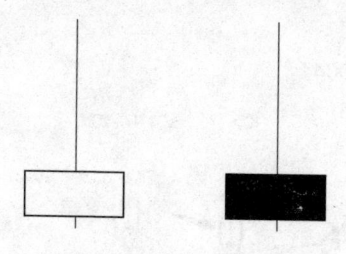

图2-53 射击之星形态

出现射击之星的原因，往往是因为在买卖双方的斗争中，买方力量一直处于优势地位，导致股价连续上涨。但在一定高位时，卖方开始发起猛烈反击，买方无力抵抗，所以导致多数阵地丢失。

射击之星的出现，通常代表当天的开盘价要高于前一个交易日的收盘价，之后股价攀升到高点但最后以低于开盘价的价格收盘。

由此可知，射击之星一般会出现在上涨趋势比较明显的高价位区，预示着转点将出现，即射击之星在高位出现时下跌的概率较大。所以，射击之星是一种十分明显的见顶下跌信号。如图2-54、图2-55所示。

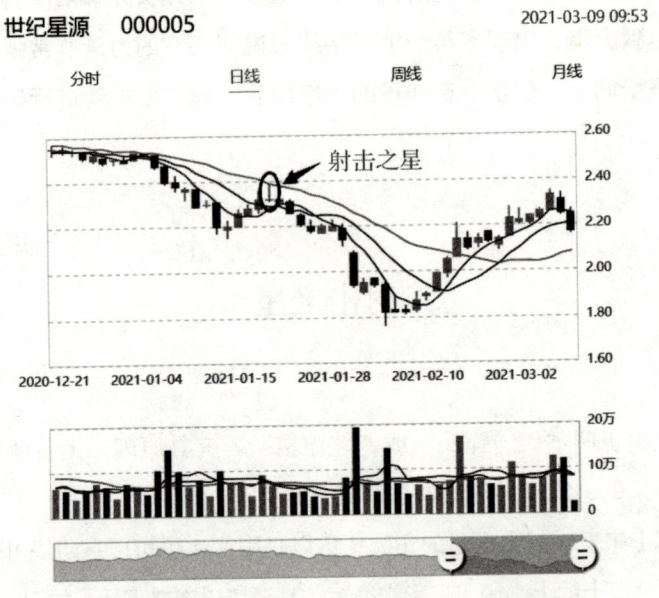

图2-54 世纪星源（000005）日线图（阳线射击之星）

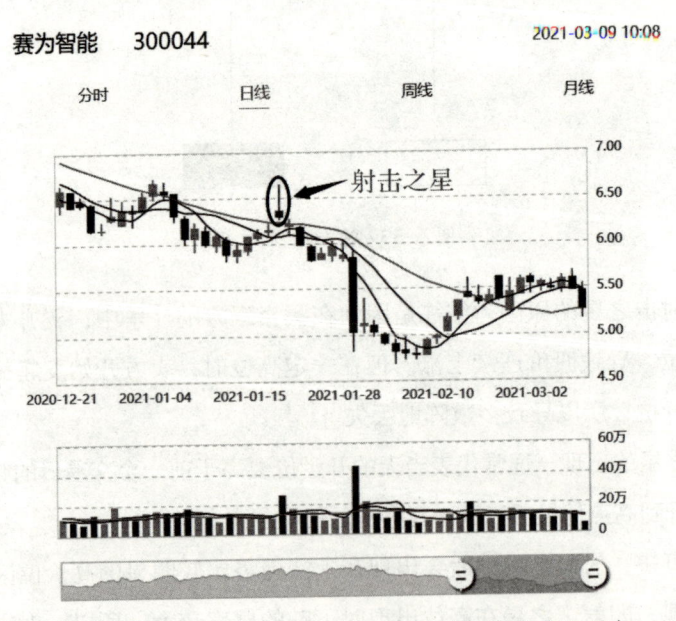

图2-55 赛为智能（300044）日线图（阴线射击之星）

需要注意的是，当出现射击之星形态后，我们并不需要过多地去关注实体是阳线还是阴线。虽然阴线射击之星预示趋势向下的信号会更强烈一些，但是上影线相对来说更有参考价值。一般来说，上影线越长，说明买方丢失的阵地越多，意味着卖方的力量越强，越有可能出现见顶下跌。

射击之星还有一种特殊情况，即形成射击之星当天的开盘价如果等于收盘价，也就是实体会形成"一"字，那么这种射击之星形态就变成了长十字线。如图2-56所示。

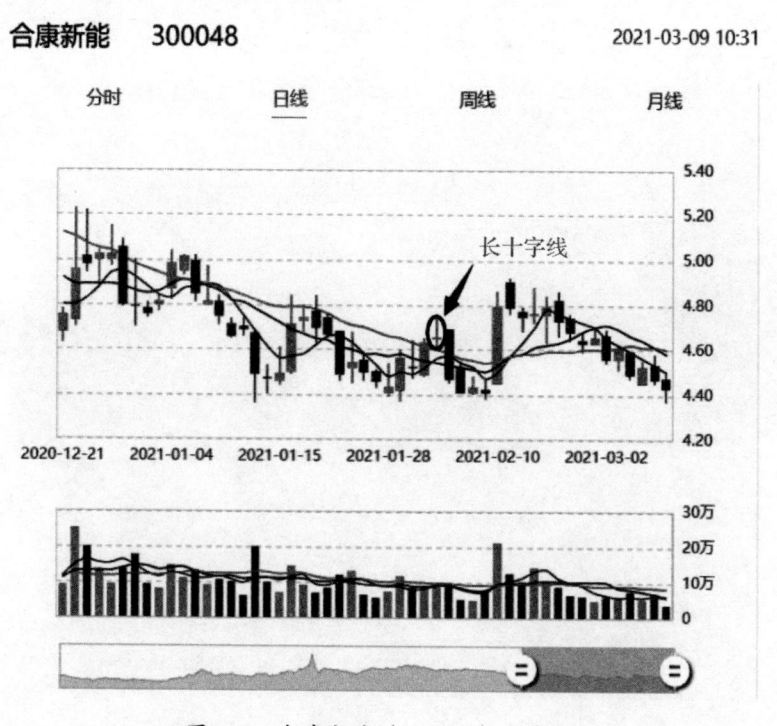

图2-56 合康新能（300048）日线图

综合而言，单根蜡烛图的形态也是多种多样、变化多端的，有些特殊形态的出现往往能发出非常关键的市场信号，及时捕捉，并能够理解正确，往往可以帮助交易者把损失降到最低，进而获得更多的利益。

第三章

双蜡烛图组成的形态

第三章

政策执行的过程

第三章 双蜡烛图组成的形态

无论是射击之星还是十字线，都是由一根蜡烛线构成的形态，如上述内容的讨论。遗憾的是，虽然单根蜡烛图能够就市场的健康情况发出重要的技术信号，但我们也大概了解到，很多时候对市场行情的研判，也是需要结合多根蜡烛图进行综合性研究，才能捕获更为精准的技术信号。换句话说，就是单根蜡烛图可以表现出多种形态，双根蜡烛图也可以构成多种形态。下面我们介绍几种常用的双根蜡烛图组成的形态。如图3-1所示。

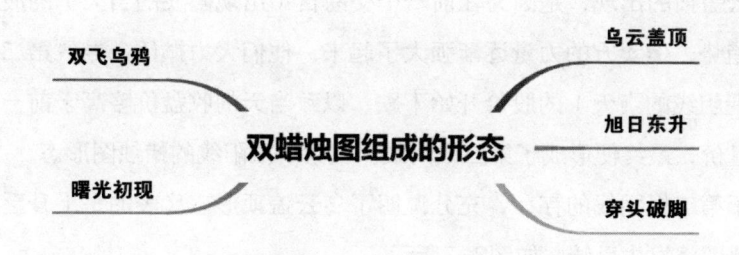

图3-1 双蜡烛图组合形态

乌云盖顶

乌云盖顶是由一根阳线和一根阴线组合而成，阳线在前，阴线在后，而且阴线的收盘价所在的位置应该至少占据阳线实体的一半或以上，但不会低于阳线的开盘价。这也是判断这种组合形态是否成立的一个硬性标准。如图3-2所示。

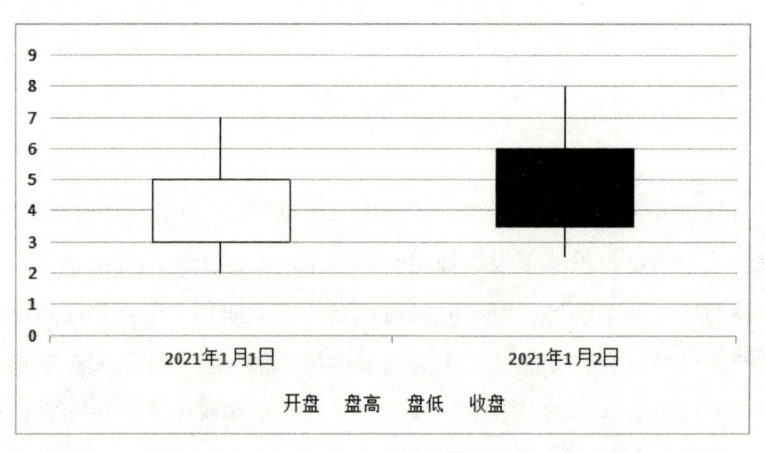

图3-2 乌云盖顶形态

乌云盖顶的出现，是因为在前一个交易日（出现阳线的当天）的股价虽然是上涨趋势，但卖方的力量逐渐强大了起来，他们大力抛压，导致第二个交易日（出现阴线的当天）的股价开始下跌，以致当天的收盘价略高于前一个交易日的开盘价，最终便形成了第二根阴线深入第一根阳线的蜡烛图形态。

由于第二根阴线的存在，充分说明了乌云盖顶形态代表的是上升乏力，预示着趋势即将发生反转。如图3-3所示。

图3-3中所圈住的两根蜡烛图，第一根阳线是世纪鼎利（300050）于2021年3月5日的蜡烛图，开盘价是5.62元；收盘价是5.75元；第二根阴线是世纪鼎利（300050）于2021年3月6日的蜡烛图，开盘价是5.79元，收盘价是5.66元。第二根阴线的收盘价明显深入第一根阳线实体的一半以上，深入程度达到了61.7%，由此可见，这两根蜡烛图组合形成的是典型的乌云盖顶形态。

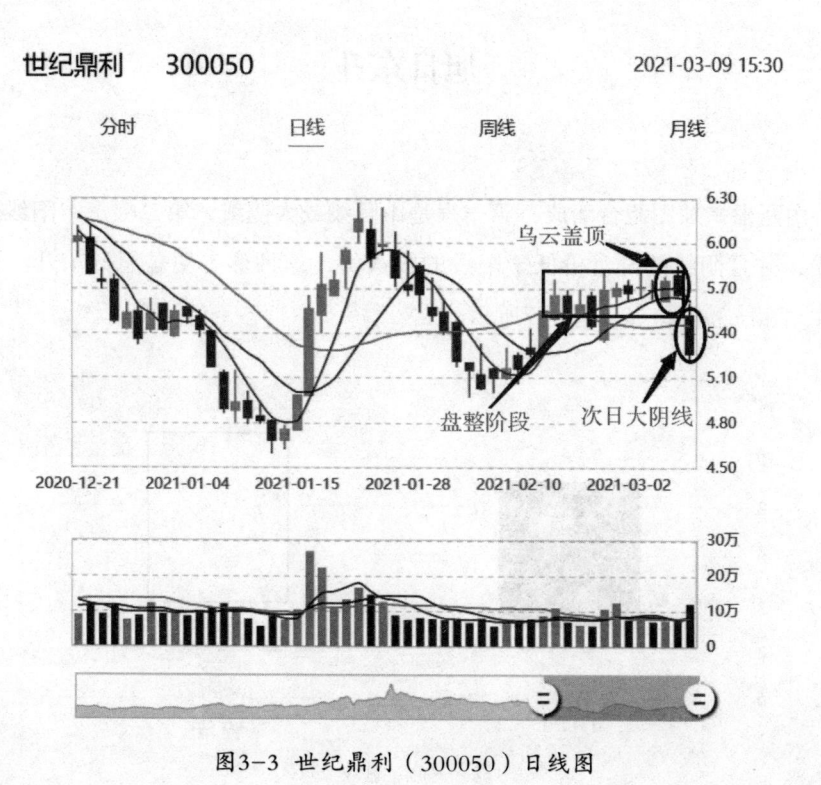

世纪鼎利　　300050　　　　　　　　　　2021-03-09 15:30

图3-3　世纪鼎利（300050）日线图

　　而且从图3-3中，我们也可以看到，乌云盖顶出现在了一段盘整期的末端，而且在出现之前股价表现出了一段短线上升趋势，甚至在乌云盖顶出现的次日（2021年3月7日）出现了一根大阴线。这就足以说明乌云盖顶的出现所发出的是见顶信号，预示股价下跌的可能性很大，尤其是后面出现的大阴线，则表示下跌趋势已基本确立。

　　对于投资者来说，在乌云盖顶出现时就应该逢高减仓，而在确定了2021年3月7日的股价继续走低后，则需要清仓出局。

　　按照以往的经验来说，乌云盖顶一旦出现，则意味着某只股票在短时间内无法回升，不应该选择此时进场，而是需要静待观望。

旭日东升

由两根蜡烛图组合而成，第一根是中阴线或大阴线，第二根是中阳线或大阳线，并且阴线的开盘价低于阳线的收盘价，这种形态便是旭日东升。如图3-4、图3-5、图3-6、图3-7所示。

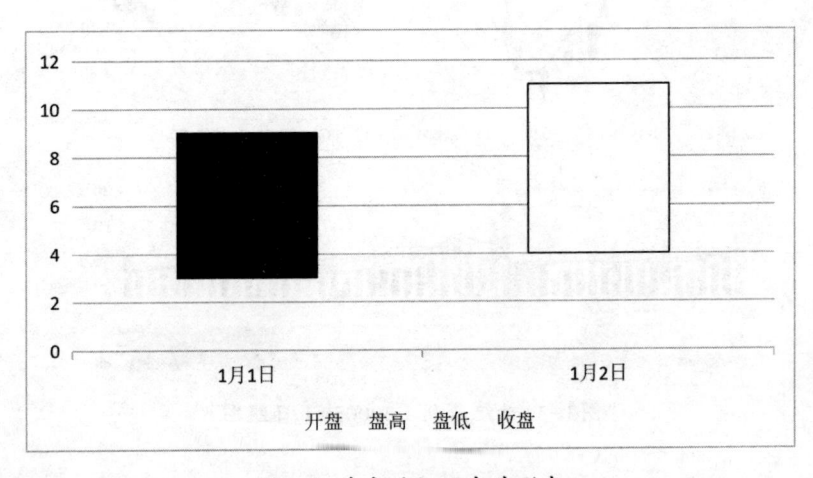

图3-4 基本的旭日东升形态

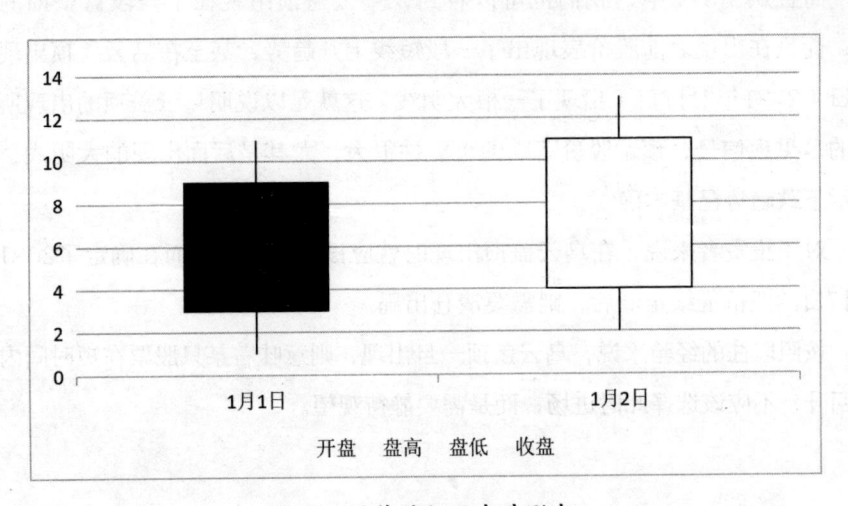

图3-5 延伸的旭日东升形态1

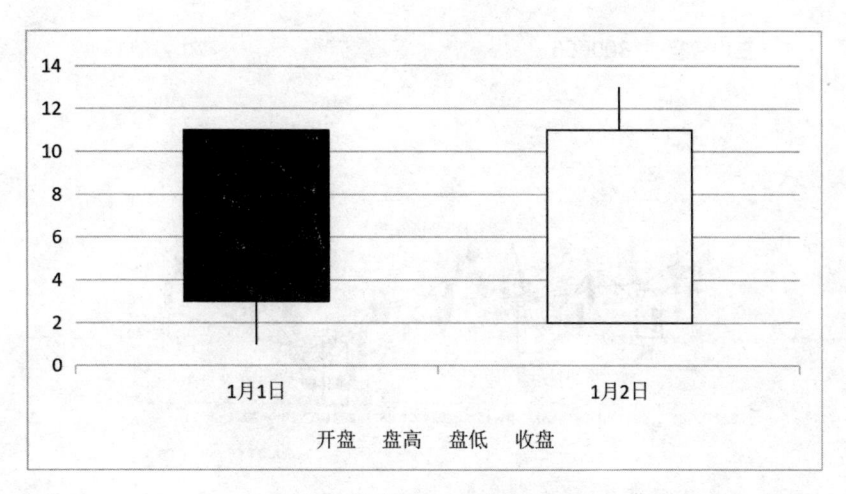

图3-6 延伸的旭日东升形态2

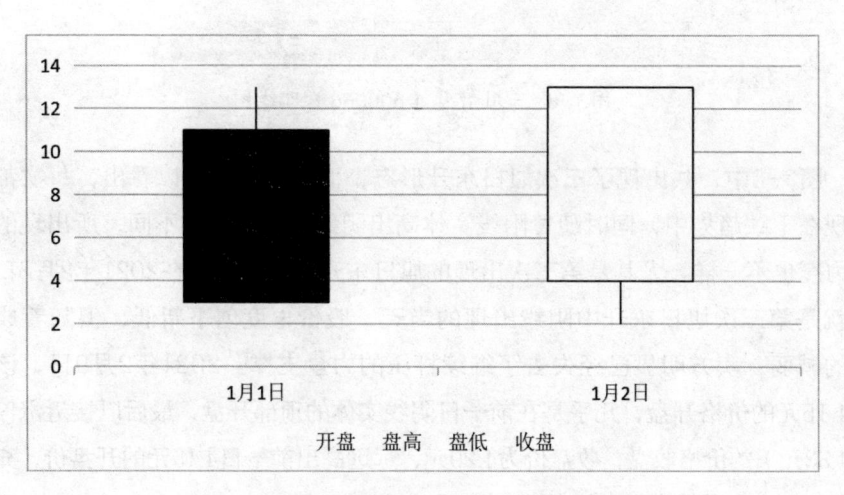

图3-7 延伸的旭日东升形态3

旭日东升形态的出现，说明阴线出现的当天，卖方占据着很大的优势，但是在阳线出现的当天，买方很快击败了卖方，形成高开盘，并掌握了主动权。

旭日东升通常在下跌行情中比较容易出现，意味着见底，不会再继续下跌，但不一定会马上反弹上涨，只是存在上涨的较大概率。此时，我们需要注意观察阳线实体高出阴线实体的程度有多大——越大意味着反转的机会就越大，就越适合做多。如图3-8所示。

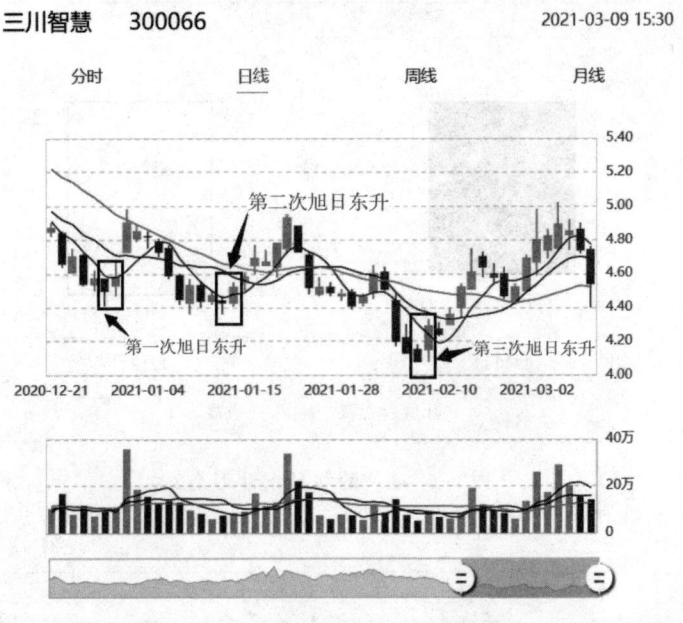

图3-8 三川智慧（300066）日线图

图3-8中，共出现了三次旭日东升形态，而且我们也可以看出，每次都是出现在下跌趋势中，同时随着阳线实体高出阴线实体程度的不同，所出现的反弹力度也不一样。尤其是第三次出现的旭日东升，说明该股在2021年2月8日，也就是第三次旭日东升中阴线出现的当天，股价再度创下新低，但随着成交量的减弱，卖方明显已经失去了继续打压的力量支撑。2021年2月9日，该股以4.15元的价格开盘，几乎是在前一日阴线实体的顶部开盘，最后以接近涨停价（4.33元）的价格收盘，收盘价为4.29元，远远高出前一日4.15元的开盘价，充分说明了买方有着非常强大的力量支撑。

穿头破脚

穿头破脚形态由两根蜡烛图组合而成，第一根蜡烛图可以是阴线也可以是阳线，第二根蜡烛图可以是阳线也可以是阴线。第一根蜡烛图和第二根蜡烛图始终是相对的，即第一根蜡烛图如果是阴线，那么第二根蜡烛图就是阳线，而且第二根蜡烛图的阳线必须完全大于第一根蜡烛图的阴线，这种穿头破脚形态也叫"阳包阴"或者是"多头吞噬"；相反，如果第一根蜡烛图是阳线，那么第二根蜡烛图就是阴线，而且第二根蜡烛图的阴线必须完全大于第一根蜡烛图的阳线，这种穿头破脚形态也叫"阴包阳"，或者是"空头吞噬"。如图3-9、图3-10、图3-11、图3-12所示。

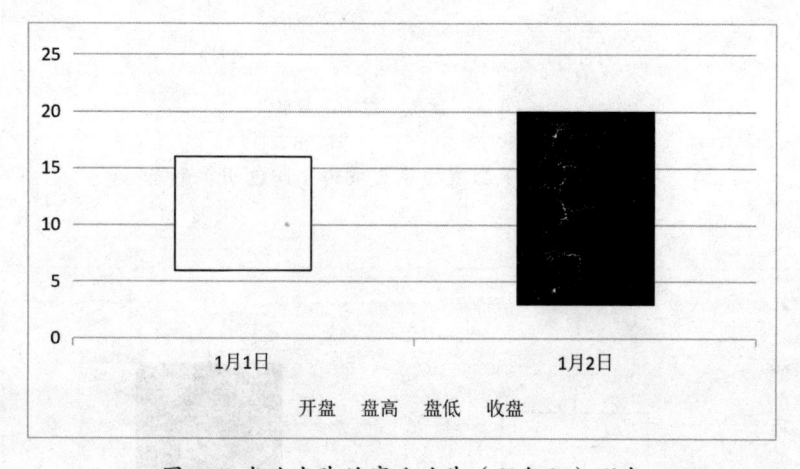

图3-9 光头光脚的穿头破脚（阴包阳）形态

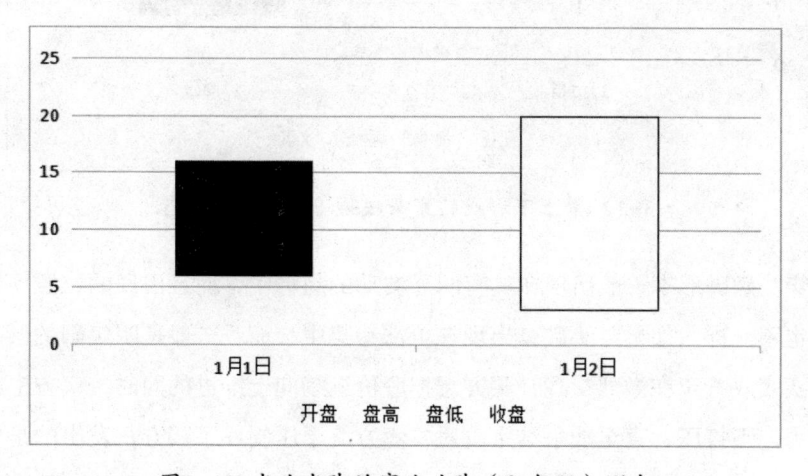

图3-10 光头光脚的穿头破脚（阳包阴）形态

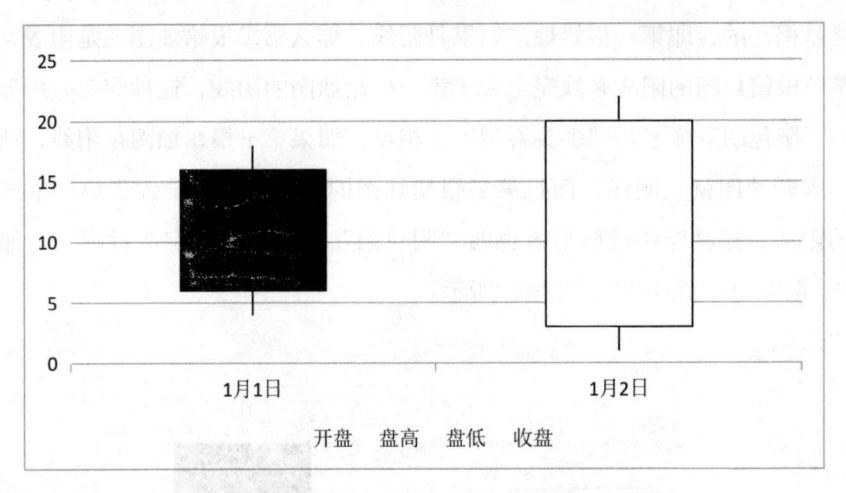

图3-11 带上下影线的穿头破脚（阳包阴）形态

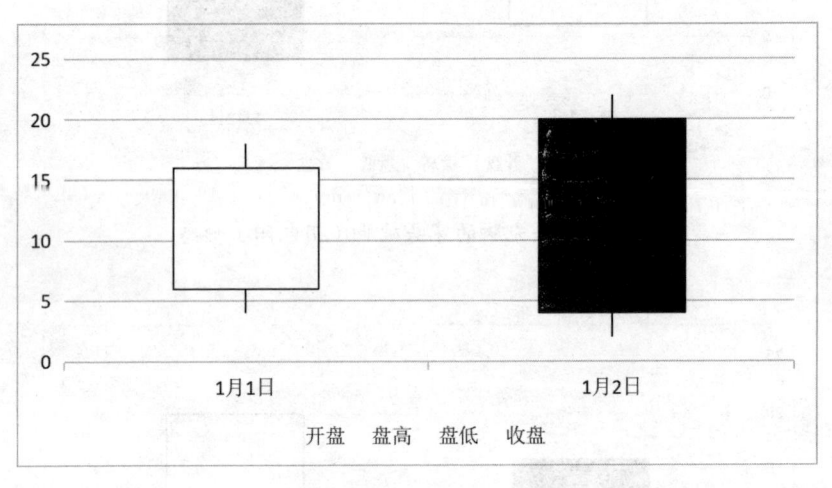

3-12 带上下影线的穿头破脚（阴包阳）形态

穿头破脚形态一般出现在具有明显波动的趋势中，而且出现的位置不同，含义也不一样。如果穿头破脚出现在上涨趋势中，而且一般是阴包阳的形态，说明买卖双方正在激烈交战，买方想把股价继续向上推进的同时，卖方也在拼尽全力向下打压，直至战争结束阶段，卖方终于压制住了买方，发出的是一种可能反转下跌的信号，如果阴线实体远远大于阳线实体，则这种信号就可以确立；相反，如果穿头破脚出现在下跌趋势中，一般是阳包阴的形态，则说明最终买方牵制住了卖方，发出的是一种即将反转上涨的信号，取决于阳线实体大于阴线实体的程度，相对来说差距越大反转上涨的趋势就越强烈。

同时，我们从穿头破脚的基本形态中，也不难发现有光头光脚和带上下影线之分，但光头光脚的穿头破脚形态相比带有上下影线的穿头破脚形态更具有代表意义。如果光头光脚的穿头破脚（阴包阳）形态出现在上涨趋势中，则意味着卖方的力量非常强大，应该马上会进入下跌周期；如果光头光脚的穿头破脚（阳包阴）形态出现在下跌趋势中，则意味着买方的力量非常强大，应该马上会进入上涨周期。而上下影线，相对来说，参考的意义不大。如图3-13、图3-14所示（等级越高，说明见顶或见底信号越强）。

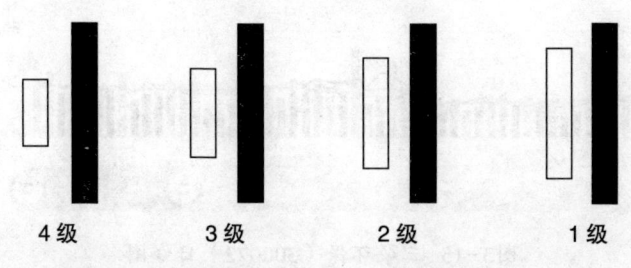

图3-13 穿头破脚（阴包阳）见顶信号等级示例图

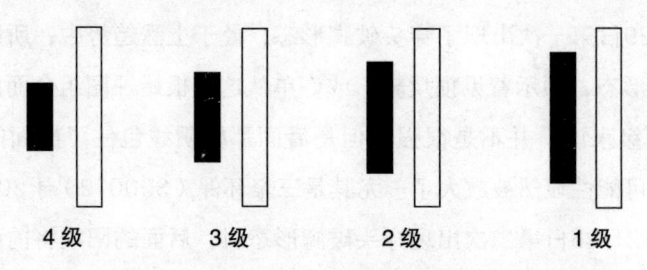

图3-14 穿头破脚（阳包阴）见底信号等级示例图

从信号等级层面来说，在上涨或者下跌趋势中，如果出现1级和2级的见顶或者见底信号，不建议马上斩仓出局，或者马上建仓入市。如图3-15所示。

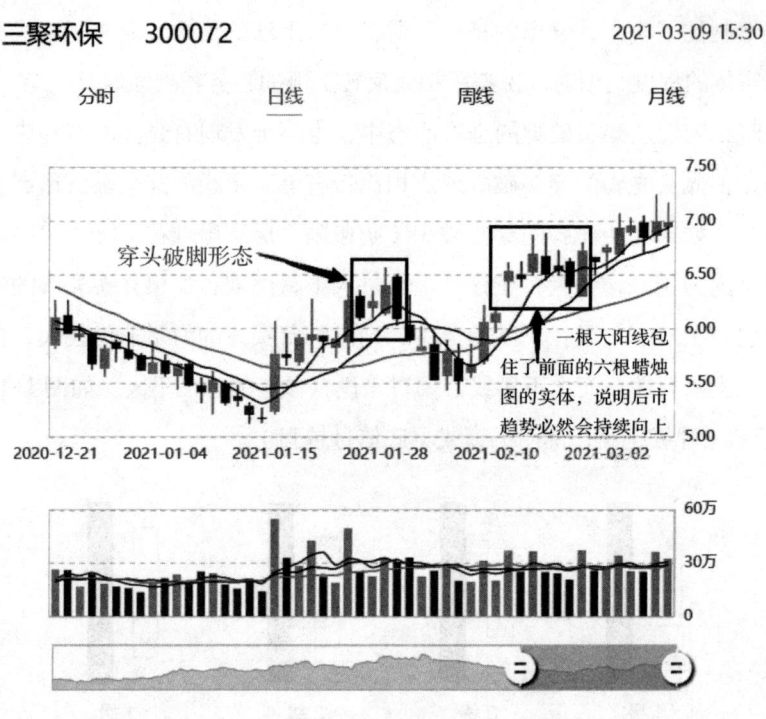

图3-15 三聚环保（300072）日线图

从图3-15中我们可以得知，三聚环保（300072）于2021年1月28日和2021年1月29日第一次出现了穿头破脚形态，处于上涨趋势中，所以是一种阴包阳的组合形态，预示着见顶反转。或许单从这两根蜡烛图组合而成的形态的见顶信号等级来说，并不是很强，但是后面那根阴线包住了前面的三根蜡烛图，转势的可能性显然被放大了。尤其是三聚环保（300072）于2021年2月25日和2021年2月26日第二次出现穿头破脚形态时，后面的阳线将前面的六根蜡烛图全部包住了，发出的是强烈的反转上涨信号。

三聚环保（300072）的日线图中出现的这两种穿头破脚形态也是穿头破脚的一种特殊形态，即后面的那根阴线或者阳线同时包住了前面的数根蜡烛图，而且从数量上来说，包住的数量越多，反转的机会越大。

最后需要提醒的一点是，穿头破脚必须出现在明显的波动趋势中，才具有更大的研判价值。

曙光初现

曙光初现，单从名字上来看，就让人感觉这是一种好现象，甚至更有人夸张地说："只要看见'曙光初现'，就要满仓进市。"的确，这种说法包含了一些夸大的意味，但同时也从侧面反映了曙光初现的确是一种利好信号。

从其图形上来看，组成的两根蜡烛图都是中阴线或者大阴线，以及中阳线或者大阳线。第一根是中阴线或者大阴线，说明当天卖方的力量很强大，大力抛压，致使股价快速下跌；第二根是中阳线或者大阳线，说明卖方经过前一天的疯狂打压后，力量几乎用尽，面对买方的强力反攻，毫无招架之力。于是，当天股价低开高走，甚至开盘价低于前一天的最低价，而且收盘价相对于前一天的阴线实体来说，深入到了其一半以上，预示着见底反弹。所以，曙光初现也叫"刺透形态"或者"斩回线形态"，但无论哪种叫法，都表示市场趋势走过了黑暗期，即将看到黎明的曙光。如图3-16所示。

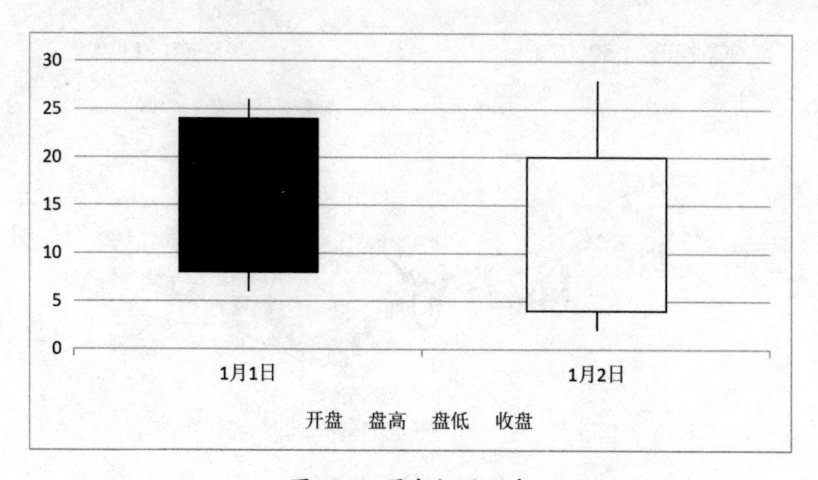

图3-16 曙光初现形态

需要注意的是，曙光初现形态一般出现在连续下跌趋势中，而且阳线实体深入阴线实体的部分越大，说明止跌的信号越强烈，尤其是出现光头光脚的曙光初现形态时，说明其反弹能力将大大增强。如图3-17所示。

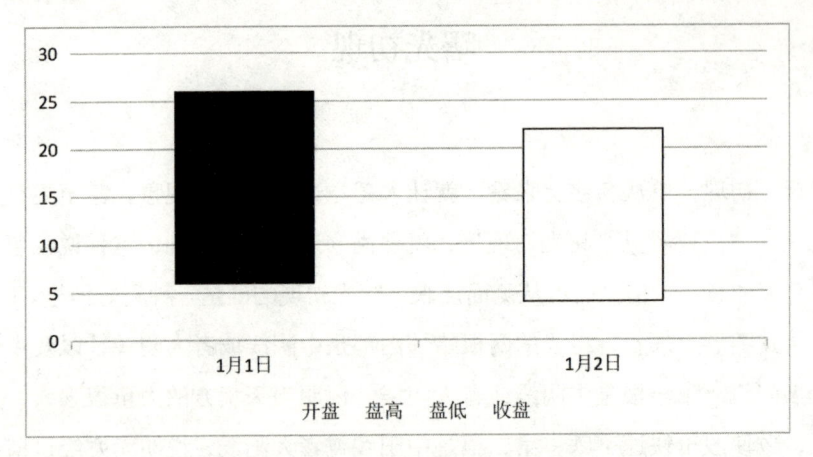

图3-17 光头光脚的曙光初现形态

然而，一旦阳线实体深入阴线实体过大，即完全包住了阴线实体，则变成了另外一种蜡烛图形态——穿头破脚形态。如果说的更通俗一点，就是我们需要重点关注阳线实体深入阴线实体的程度，如果深入程度低于一半，或者阳线实体只是临近阴线实体的收盘价，则失去了参考价值。如图3-18所示。

图3-18 GQY视讯（300076）日线图

GQY视讯（300076）于2021年1月25日，在经过小幅下跌后，收出了一根阴线，而2021年1月26日出现了一根阳线，开盘价等于前一日的最低价，而且阳线实体也深入到了阴线实体中，预示组合形成了曙光初现形态。然而，该股在2021年1月26日的收盘价只有4.50元，深入阴线实体的部分只有六分之一，可见这是一种比较弱势的曙光初现形态，意义不大。而且，我们从GQY视讯（300076）之后的趋势波动情况来看，也确实没有带来反转效果，只是小幅度震荡后继续下跌。

对于投资者来说，如果发现下跌趋势中出现了曙光初现的形态，哪怕是在下跌行情不是特别剧烈的情况下，一旦出现持续性的曙光初现形态，便预示着即将见底反转，可择机进场。

双飞乌鸦

双飞乌鸦在外形上与穿头破脚的形状相似，不同的是双飞乌鸦是由两根阴线组合而成的形态，第一根阴线的实体部分不是很长，但第二根阴线的实体部分较长。需要特别注意的一点是，双飞乌鸦形态的出现，还需要一个辅助条件，即这种形态出现之前的蜡烛图必须是一根阳线，而且双飞乌鸦的第一根阴线的收盘价必须高于前面那根阳线的收盘价，同时第二根阴线的实体必须将第一根阴线的实体完全包住。只有满足这样的条件，才能判定出现的是双飞乌鸦形态。如图3-19所示。

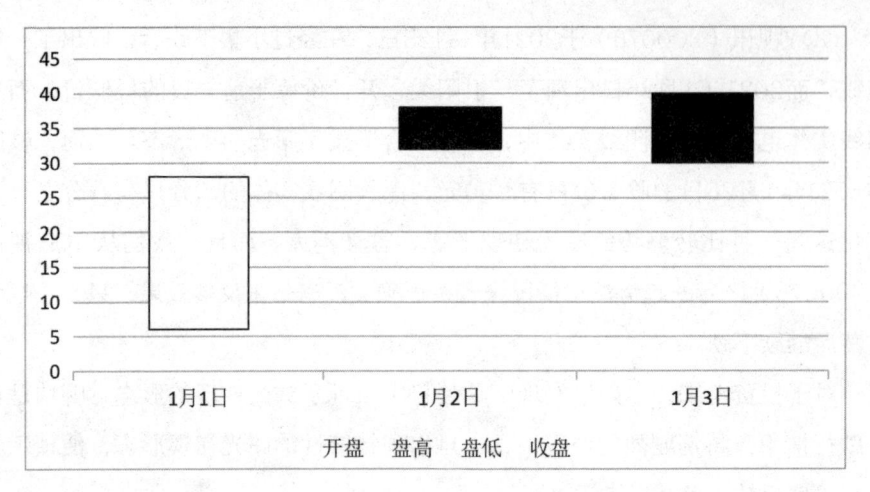

图3-19 双飞乌鸦基本形态

从图3-19中我们可以看到,这是一种光头光脚的双飞乌鸦形态。也就是说,其还可以延伸出其他一些形态。如图3-20、图3-21、图3-22、图3-23、图3-24所示。

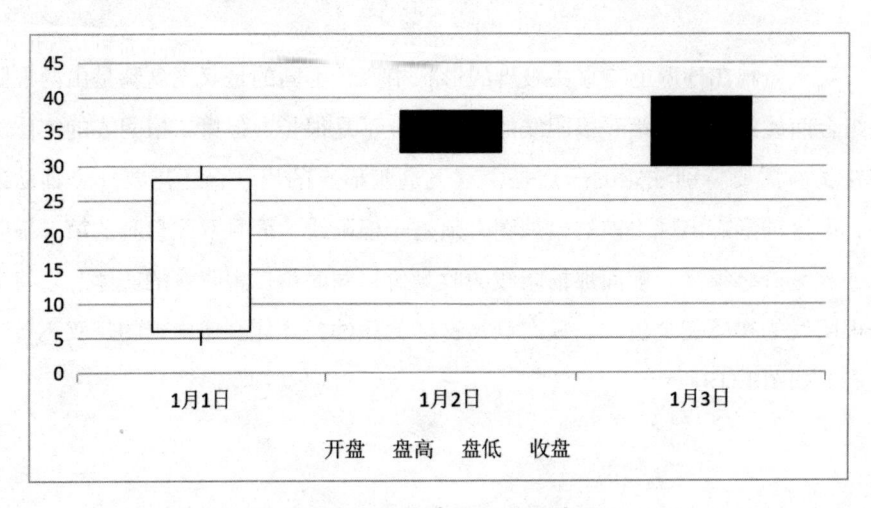

图3-20 双飞乌鸦延伸形态1

第三章 双蜡烛图组成的形态

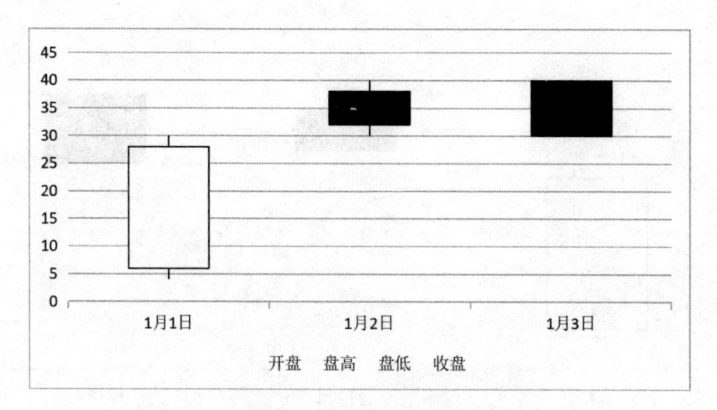

图3-21 双飞乌鸦延伸形态2

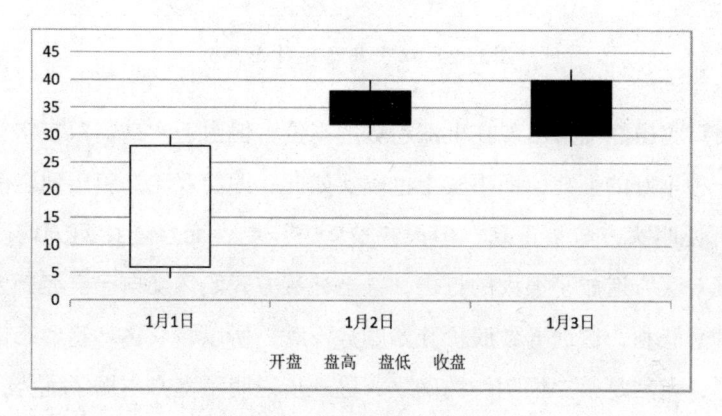

图3-22 双飞乌鸦延伸形态3

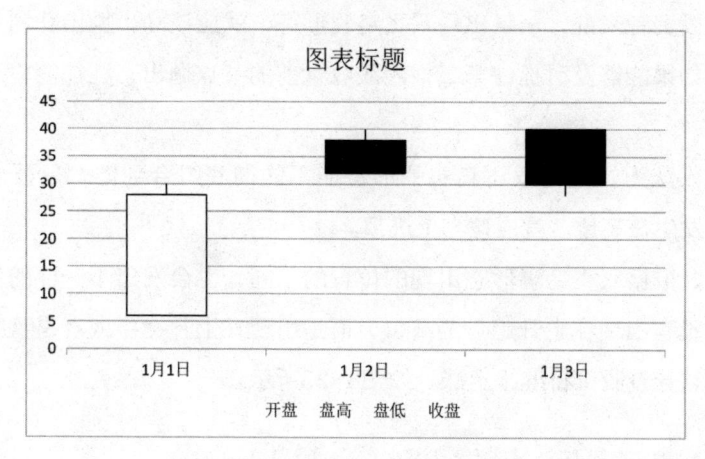

图3-23 双飞乌鸦延伸形态4

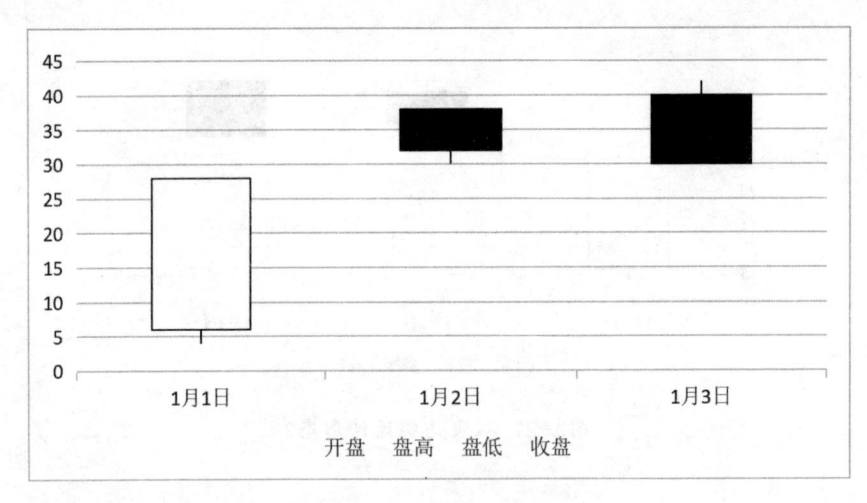

图3-24 双飞乌鸦延伸形态5

双飞乌鸦虽然经常出现在上涨趋势的高位，但由于"乌鸦"二字，让人一听就是一种不好的征兆，而事实上也确实如此。即便双飞乌鸦出现之前是一根大阳线，说明买方势头正劲，但很快被卖方压制，而且连续两天均以低价收市，无疑对买方造成了很大的打击，甚至让买方开始怀疑自己已经无力反弹，不得不清仓获利，进而导致股价开始顺势下跌。所以，双飞乌鸦形态也是一种反转信号，尤其是第二根阴线的确立，进一步说明了卖方占据了优势，股价上涨过程中的疲态已尽显，回调概率增加。

对于投资者来说，一旦出现双飞乌鸦形态，就应该马上抛出获利止损。相对来说，如果能够及时抓住第二根阴线收盘前的节点抛出，往往能将获利点放到最大。

也有人认为，无论双飞乌鸦的形态能不能彻底组合到位，只要出现了雏形，而且发生在高位，就应该马上逃顶。

然而，根据双飞乌鸦形态出现的位置的不同，也会发出不一样的信号。当双飞乌鸦没有出现在上升趋势的高位，而是出现在上升途中或者是盘整阶段的末端，则意味着股价将继续上涨。如图3-25所示。

双林生物　　000403　　　　　　　　　　　2021-03-10 15:00

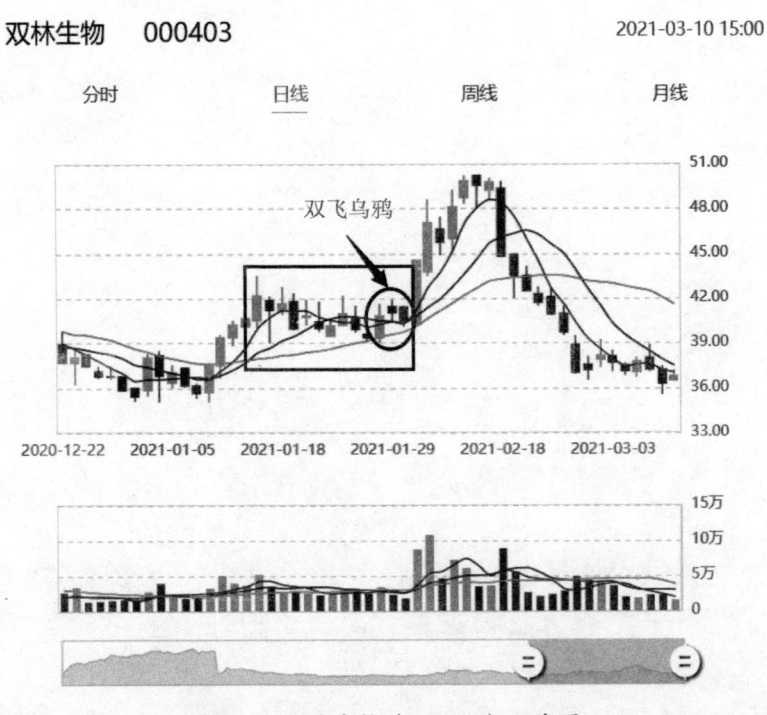

图3-25　双林生物（000403）日线图

　　图3-25中方框标注的蜡烛图走势，是双林生物（000403）经过一段上涨趋势后的盘整阶段，而且在盘整阶段的末端出现了一个双飞乌鸦的非标准形态，随后股价继续上扬。

第四章

三根及以上蜡烛图组成的形态

第四章　三根及以上蜡烛图组成的形态

如果说越多的蜡烛图组合而成的形态，所发出的技术信号越准确、越可靠，那么三根蜡烛图，尤其是数根蜡烛图组合而成的形态，就更加值得信赖。接下来，我们就一起看一下由三根及以上蜡烛图组成的几种具有代表性的形态。如图4-1所示。

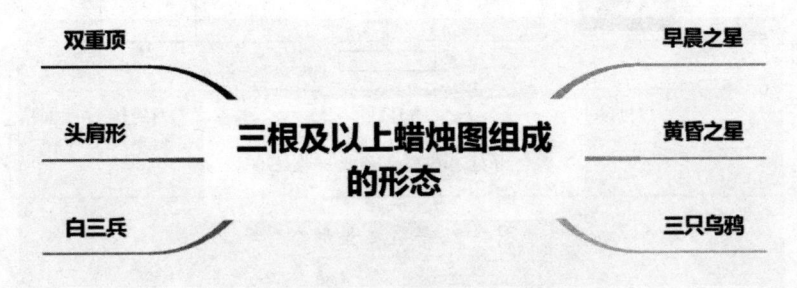

图4-1　三根及以上蜡烛图组成的形态

早晨之星

早晨之星还有多种叫法，比如"启明星""希望之星""黎明之星"。单从其名称的字眼上来解读，即引领太阳升起的一颗明亮的星星，是一种利好的征兆。

从简单的组成结构上来说，早晨之星是由三根蜡烛图组合而成的形态，第一根是中阴线或者长阴线，中间是一根实体较小的星线（可以是十字星线，也可以是小阳线或者小阴线），第三根是中阳线或者长阳线。但从严格意义上来讲，这三根蜡烛图必须满足一定的前提条件才能确立出现的是早晨之星形态。也就是说，中间那根星线的开盘价必须低于第一根阴线的收盘价，同时也要低于第三根阳线的开盘价，而第三根阳线的收盘价必须高于第一根阴线的收盘价，而且越高表明早晨之星的形态越标准（有无上下影线，影响不大）。如图4-2所示。

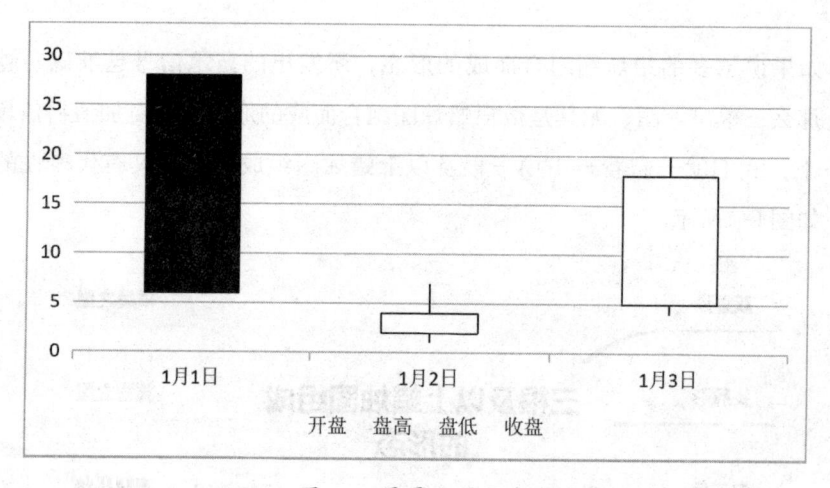

图4-2 早晨之星形态

早晨之星的出现可以这样解读，第一根阴线预示着卖方正在疯狂抛压，将价格已经打压至谷底，控制着绝对的主动权；但中间那根星线的出现，似乎是打了卖方一个措手不及，使卖方失去了继续打压的力量支撑；买方也好像看到了卖方已经失去了大势，于是发起反攻，并将控制权重新夺回，于是就出现了第三根阳线。

由此可见，早晨之星是一种见底反转的信号，应该主要出现在下跌趋势的低位，所以投资者应该择机进场。

遗憾的是，早晨之星很难出现非常标准的形态，但是只要符合上面的几个条件的80%，尤其是在低位出现了相似的形态，就可以判定将开始一波上升行情。如图4-3所示。

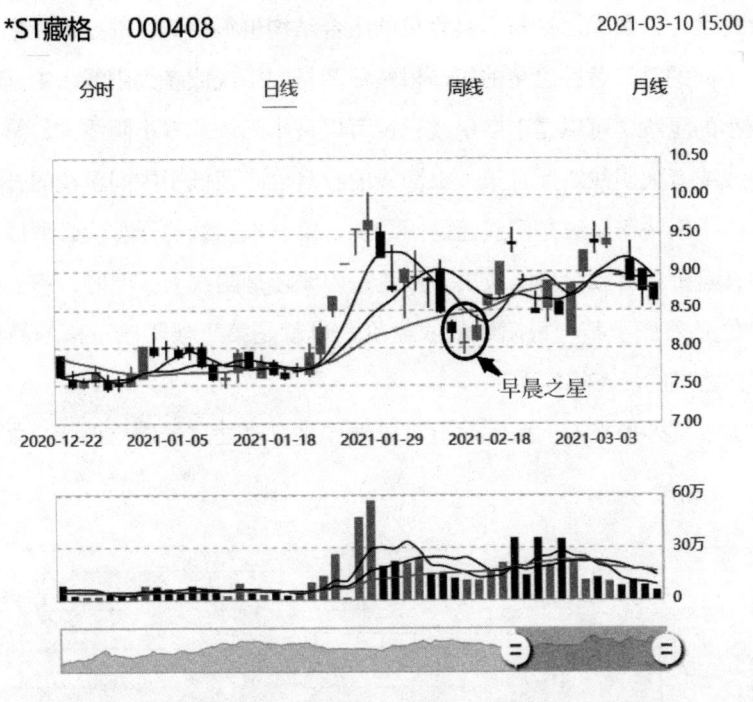

图4-3 *ST藏格（000408）日线图

从*ST藏格（000408）日线图中可以看出，该股于2021年2月8日的收盘价是8.19元，而2021年2月9日形成的十字星线的开盘价是8.05元，低于2021年2月8日的收盘价；同时，2021年2月10日的收盘价是8.28元，高于2021年2月8日的收盘价，并且高出部分深入第一根阴线实体部分的程度高达69%。这就足以说明这是一个标准的早晨之星形态，可以判定其股价必然会呈上涨趋势。

黄昏之星

如果说黄昏之星与早晨之星正好相对，早晨之星主要出现在下跌趋势的低位，预示的是见底反转；那么黄昏之星则主要出现在上涨趋势的高位，预示的则是见顶反转，是一种下跌信号。

除此之外，黄昏之星与早晨之星的组合结构也很相似，都是由三根蜡烛图构成。不同的是，黄昏之星的第一根蜡烛图是中阳线或者大阳线，中间是一根实体较小的星线（可以是十字星线，也可以是小阳线或者小阴线），第三根则是中阴线或者大阴线。而且第一根阳线的收盘价必须低于中间星线的开盘价或者收盘价（取决于星线是阳线还是阴线），第三根阴线的开盘价必须低于中间星线的开盘价或者收盘价（取决于星线是阳线还是阴线）。同时，第三根阴线的开盘价必须低于第一根阳线的收盘价，也就是第三根阴线下移的趋势越明显，黄昏之星的形态越标准。

其实，从外形来说，黄昏之星可以看作是早晨之星的倒立形状。如图4-4所示。

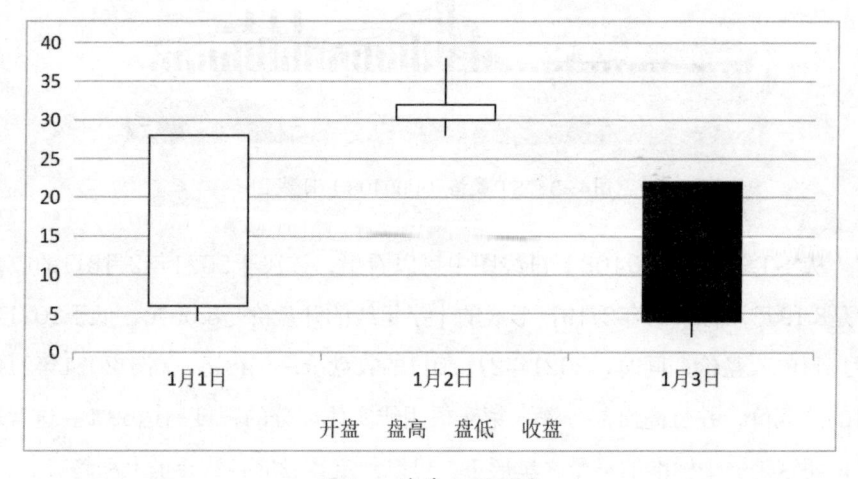

图4-4 黄昏之星形态

黄昏之星之所以发出的是一种下跌信号，是因为买方被卖方强力打压，失去了控制权，意味着上升趋势终止。如图4-5所示。

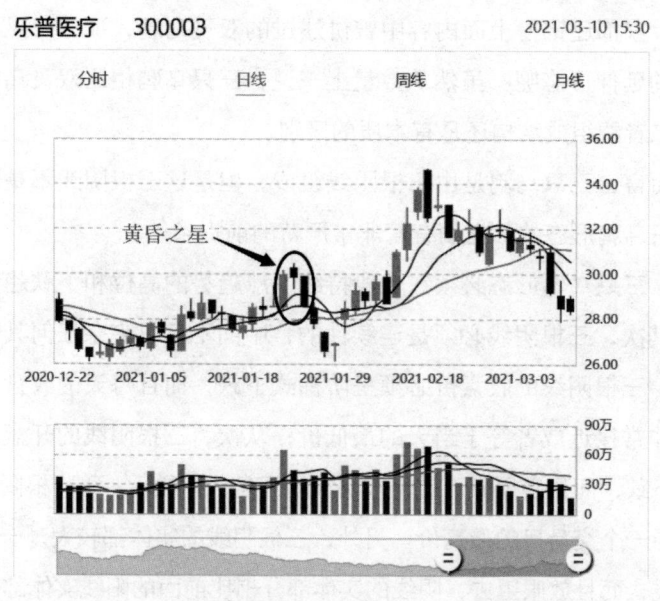

图4-5 乐普医疗（300003）日线图

图4-5中框起来的三根蜡烛图，便是乐普医疗（300003）日线图中典型的黄昏之星形态。该股于2021年1月22日高开高收，并且伴有巨大放量，最后收出了一根大阳线，将股价推到了高位。表面上看势头旺盛，但随后（2021年1月23日）出现的一根小阴线一下子爆出了本质，说明买方在前一日已经弹尽粮绝，依靠仅存的一丝气力于2021年1月23日与卖方进行了最后的博弈，最终仍以失败告终。卖方重回舞台做了主角，并大力打压，于是在2021年1月24日出现了一根大阴线，以最高价29.90元开盘，以接近最低价28.53元的28.61元收盘，彻底确立了下跌趋势，最终推动行情暴跌。

三只乌鸦

乌鸦一词，历来给人的就是一种不祥之兆，所以从三只乌鸦的名称来看，其组合形态发出的必然也是一种不好的信号。

相信大家都还记得上面内容中曾讲述过的双飞乌鸦，那么三只乌鸦是不是双飞乌鸦的延伸形态呢？虽然从数量上来说，三只乌鸦相比双飞乌鸦多了一只乌鸦，但二者的组成结构还是有本质的区别。

简单而言，三只乌鸦是由三根阴线组成，但是这三根阴线不是随意排列就能成为三只乌鸦形态的，它们有着非常严苛的前提条件。

首先，三只乌鸦形态必须在一段持续上涨趋势的高位和下跌趋势的开端同时出现；其次，三根阴线必须是连续性的，中间不可以夹杂任何其他蜡烛图形态；再次，三根阴线的收盘价必须呈阶梯式下跌，而且每天的收盘价都与当天的最低价非常接近或者等于当天的最低价；从次，三根阴线的开盘价同样必须呈阶梯式下跌，而且必须低于前一根阴线的开盘价；最后，第一根阴线的开盘价必须低于前一个交易日的最高价。另外，三根阴线的实体都较大，一般是中阴线或者大阴线，而且放眼望去，阴线的实体部分相比前面的阳线实体部分都要大。

只有满足以上几个标准的三根连续下跌的阴线组合，才是标准的三只乌鸦形态。如图4-6所示。

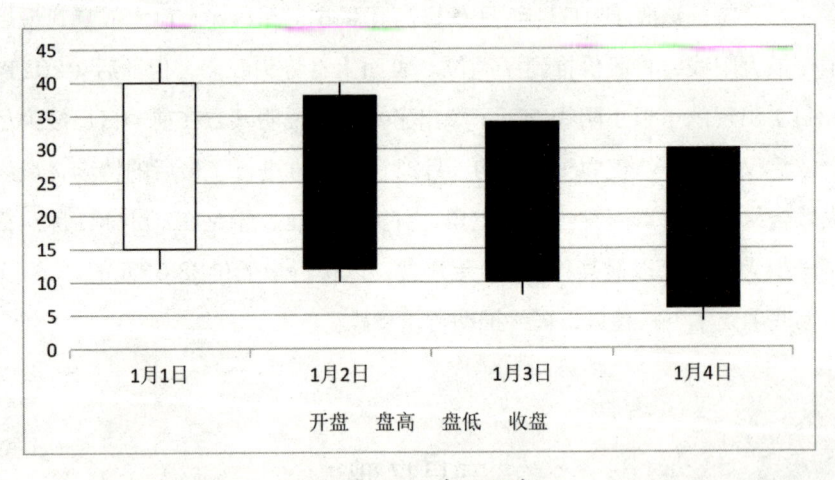

图4-6 三只乌鸦形态

与此同时，我们也可以从其构成条件中解读出来一些信息。也就是说，三只乌鸦的出现预示着买方在持续占据优势，并将股价推到一定高位后，已经无力再支撑。此时，卖方开始"反客为主"，往往会在第一根阴线出现的当天，大力施压，股价的跌幅通常会高达20%以上。

三只乌鸦发出的是一种典型的卖出信号，预示着暴跌即将来临，所以也被叫作"漫天风雨"，甚至被夸张地称为"暴跌三杰"。然而，三只乌鸦的标准形态其实并不容易出现，而是以其变化延伸的一些形态出现在市场中。下面我们简单介绍几种三只乌鸦的延伸形态，以供大家参考。如图4-7、图4-8、图4-9所示。

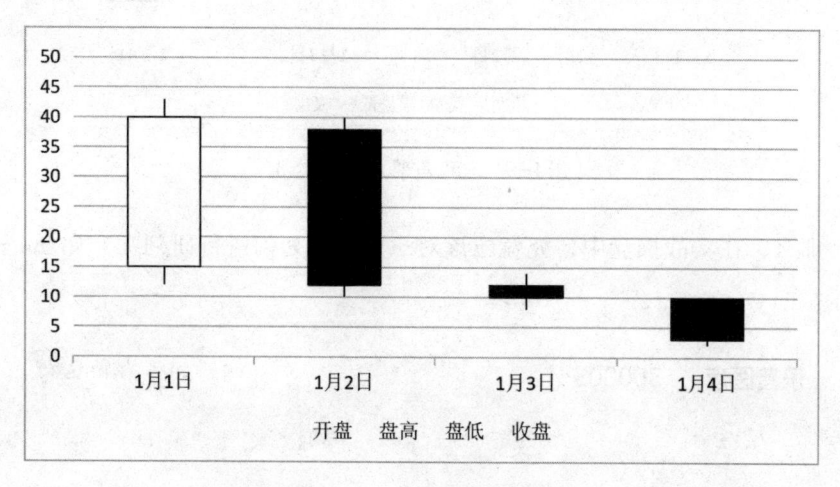

图4-7 三只乌鸦延伸形态1

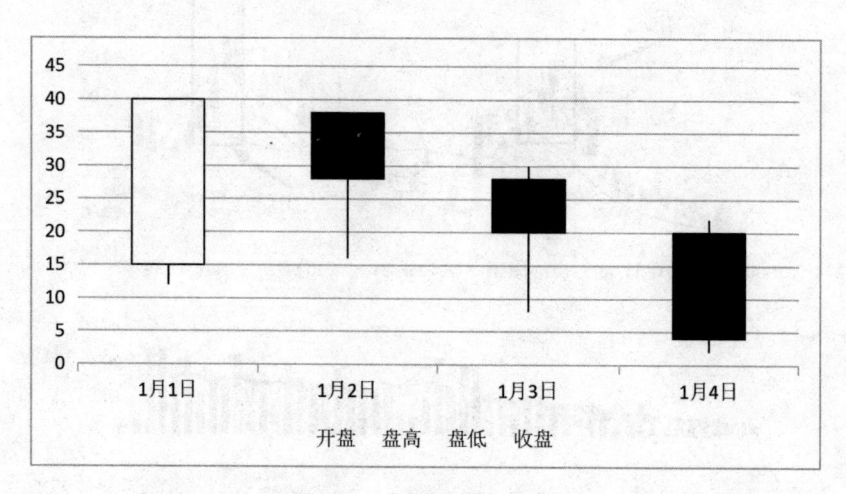

图4-8 三只乌鸦延伸形态2

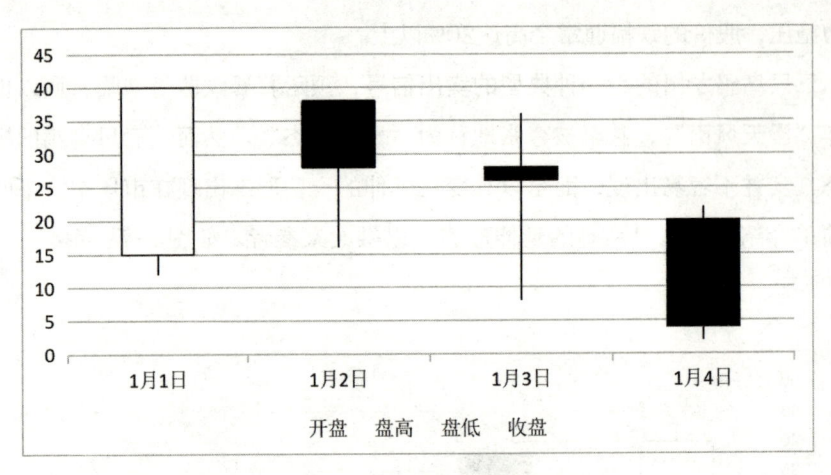

图4-9 三只乌鸦延伸形态3

那么，在实战操盘中，究竟应该对三只乌鸦如何进行研判呢？如图4-10所示。

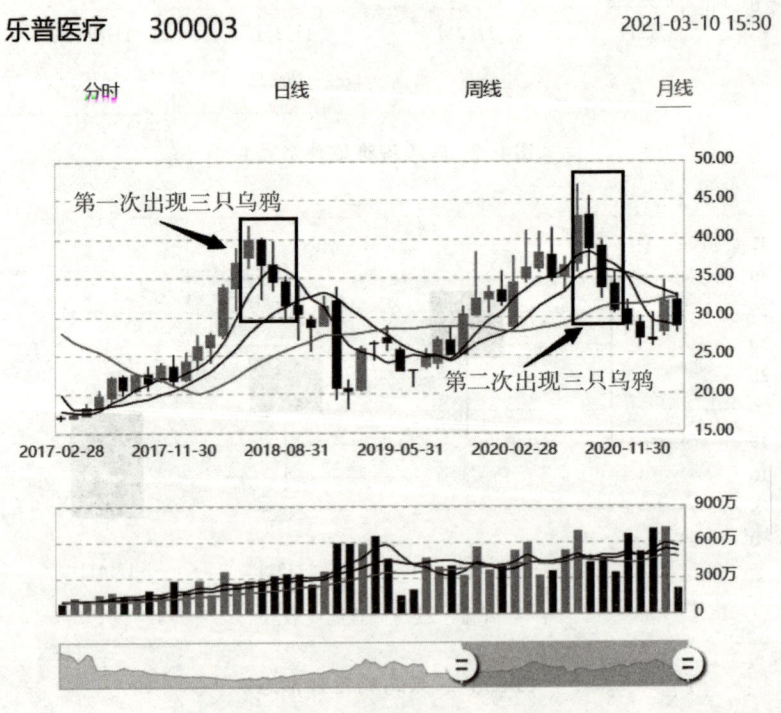

图4-10 乐普医疗（300003）月线图

在乐普医疗（300003）月线图中，我们可以看到一共出现了两次三只乌鸦形态，都推动了趋势的暴跌。而且相对来说，第二次的三只乌鸦形态更为标准，因为其后面的三根阴线的实体，相比乐普医疗（300003）自2019年7月31日至2020年6月30日所形成的上升趋势中的所有的阳线实体都要大。

面对这种标准的三只乌鸦形态，后续交易操作肯定是要卖出。但在第一根阴线出现的时候，一般应持观望态度，因为这时并不是最佳的卖出时机，要等待下跌趋势进一步确立，也就是在第三根阴线出现的时候，应该尽快抛售。

白三兵

白三兵是由三根阳线组合而成的形态，所以也叫"红三兵"，因为在中国股市中，阳线是以红色标识的。

其实，对于组合白三兵的三根阳线也有一定的要求。首先，这三根阳线必须是连续出现的；其次，每一根阳线的开盘价和收盘价都是呈阶梯式上涨；再次，每一根阳线的开盘价应高于前一根阳线的开盘价，低于收盘价；从次，每一根阳线的收盘价与开盘价之差应该相等；最后，三根连续的阳线应同时出现于下跌趋势中或者盘整阶段。只有满足这些要求，才是标准的白三兵形态。如图4-11所示。

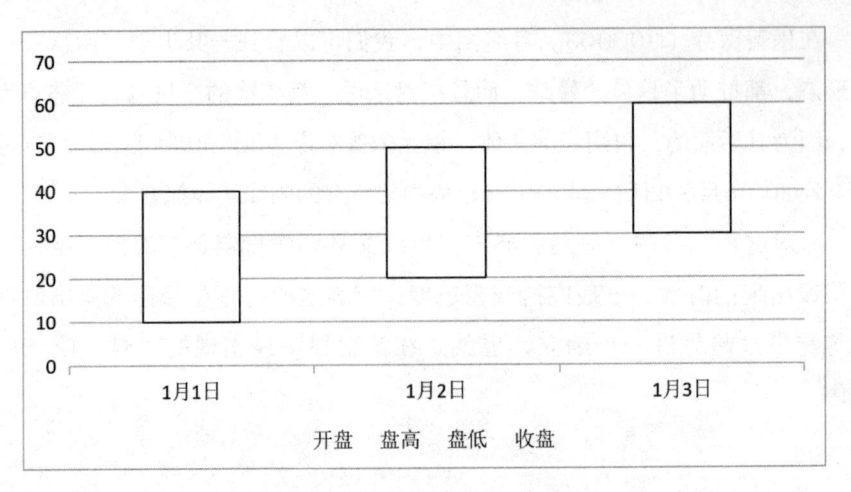

图4-11 白三兵形态

可能有人会产生疑问，难道白三兵的三根阳线都没有上下影线吗？从严格意义上来说，白三兵的标准形态下每根阳线的开盘价等于最低价，收盘价等于最高价。当然，如果每根阳线的开盘价和收盘价接近于最低价和最高价，也可以被判定为白三兵形态，但是最高价与收盘价之差，以及开盘价与最低价之差，均不能大于收盘价与开盘价之差。如图4-12所示。

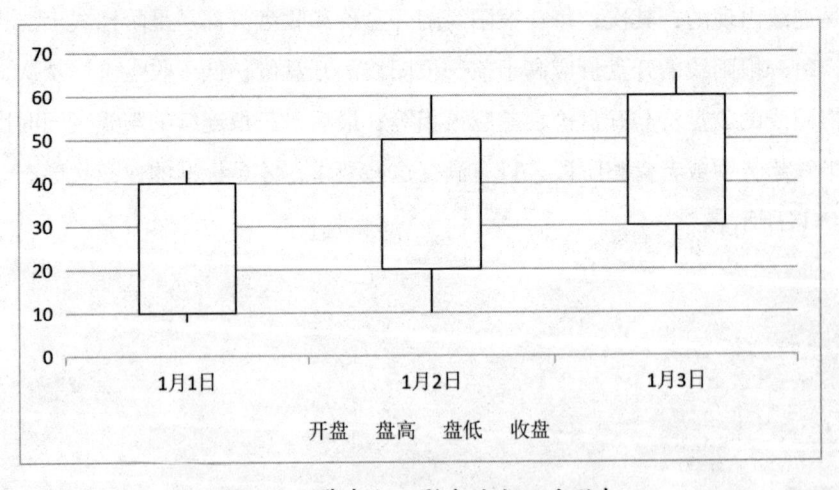

图4-12 带有上下影线的白三兵形态

无论是光头光脚的白三兵，还是带有上下影线的白三兵，只要其出现在下跌趋势中，就意味着趋势将强烈反转，说明买方击败了卖方，将推动股价上扬。投资者可以在第一根阳线出现时进场观望，少量买入；当第二根阳线出现的时候，可以看作白三兵的雏形已经确立，可以加大买入；而当第三根阳线出现后，基本可以判定白三兵形态完全形成，可以大量买入。

如果白三兵出现在底部较长时间的盘整区域，说明买卖双方经过了长时间的激烈角逐，并且没有分出胜负。直至第一根阳线出现，买方终于暂时击退了卖方的攻击，之后随着第二根阳线、第三根阳线的出现，股价可能会随之短期上扬，但并不意味着会持续上涨。因为在长时间的盘整期，说明买卖双方的力量是势均力敌的，虽然买方获得了暂时性胜利，但并不代表卖方的力量尽失；一旦卖方发起抵抗，很可能会再次回到盘整期或者是下跌。所以，投资者在这种情况下，应该谨慎考虑，多做观望。

除此之外，相信很多人在股市行情中也会发现很多与白三兵相似的形态，也应该多加注意。因为有些与白三兵相似的形态，经常会发出一些迷惑的信号，甚至是虚假信号，一旦研判不好，就会造成巨大损失。如图4-13、图4-14所示。

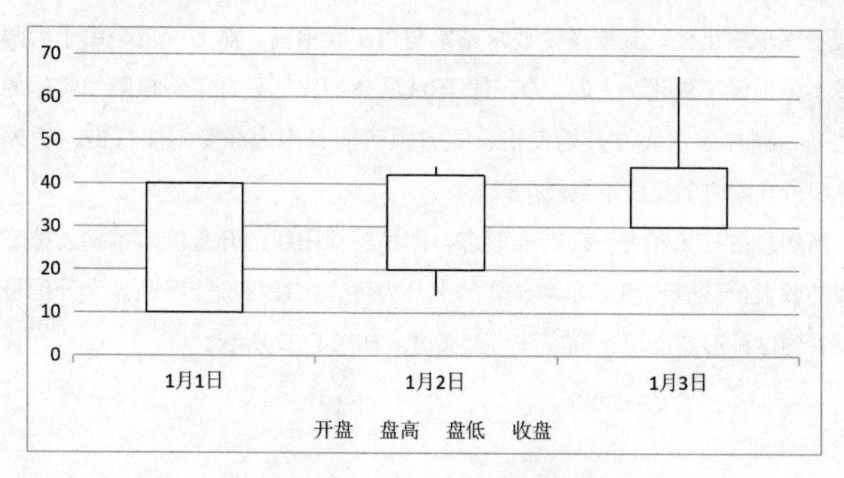

图4-13 与白三兵相似的向上受阻形态

乍一看，这种蜡烛图组合形态，确实与白三兵比较相像，但究其细微之处，不难发现，三根阳线的收盘价与开盘价之差并不相等，而且第二根阳线和第三根阳线的实体逐步缩小,第三根阳线甚至出现了一根长上影线。收盘价远远低于最高价,说明买方力量在极速减弱,受到了卖方的阻击,后市行情很可能会出现下跌。

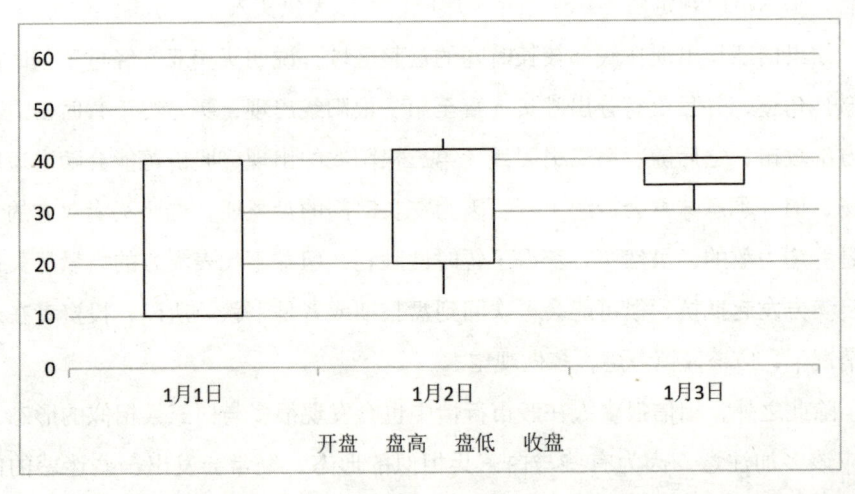

图4-14 与白三兵相似的向上中止形态

这种向上中止形态,从外形上看,除了第二根阳线实体和第三根阳线实体出现了逐步缩小外,其他条件要求基本与白三兵相同。然而,正是由于后两根阳线实体出现了变化,尤其是第三根阳线实体的比例只有第一根阳线实体的六分之一,同样表明卖方开始反击,买方很可能会因为经受不住打击,丢失阵地,股价在卖方的打压下反转下跌。

当然,白三兵还有一种特殊形态,即第三根阳线的开盘价非常接近第二根阳线的收盘价,表现出了非常显著的上升力度,往往更加能够凸显上升信号。只要看到这种形态出现,就应该马上买进。如图4-15所示。

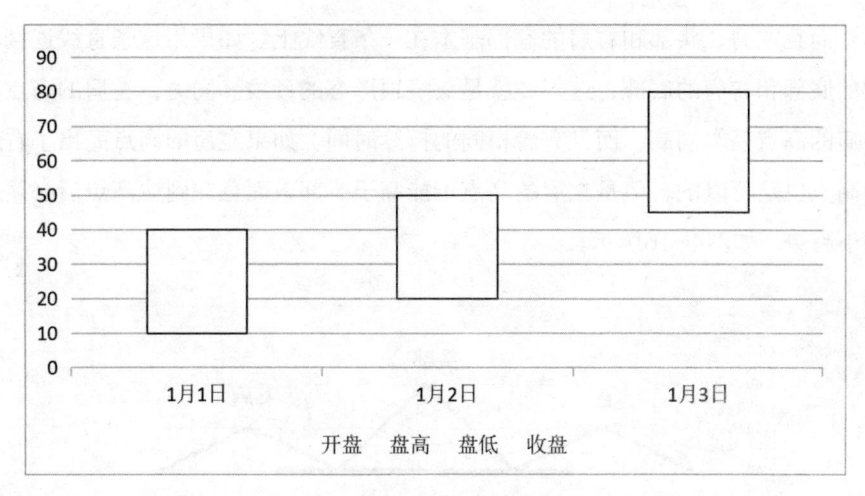

图4-15 白三兵的特殊形态

白三兵一直以来都被认为是一种比较经典的形态，交易者经过一段时间的学习、理解与研判，必然会发现其奥妙之处。

头肩形

头肩是由数根蜡烛图组合而成，表现形式为蜡烛图推动的市场走势形成的趋势线。相比单根蜡烛图形态、双根蜡烛图形态、三根蜡烛图形态，它的可靠性更高，而且是一种典型的反转形态，同时可以分为头肩顶形态和头肩底形态。

对头肩形有所了解的人应该都知道，头肩顶和头肩底其实是一对相反的形态。也就是说，头肩底可以看作是头肩顶的倒立形态，所以只要我们了解了其中一种形态的技术原理，然后按照相反的理论去推导，便可得出另一种形态的技术原理。下面，我们就以头肩顶来详细阐释头肩形的奥秘。

从组成结构上来说，头肩顶由左肩、头部、右肩三个点连接形成。因为我们分析的是头肩顶，所以这三个点都是高位点。其中头部是最高的点，左肩和右肩是低于头部高位的点，也就是说，头部的升势较大，左肩和右肩的升势较小，而且左肩、头部和右肩的底部基本在一条直线上。如果用这条直线连接左肩的底部和右肩的底部，这根线就是头肩顶形态的颈线。同时，左肩的高点和右肩的高点基本同高，而且有着相同的持续时间。如果左肩的高点高出了右肩的高点也是可以的，但是左肩的高点不能高于头部，而且在到达高点后必须是向下趋势。如图4-16所示。

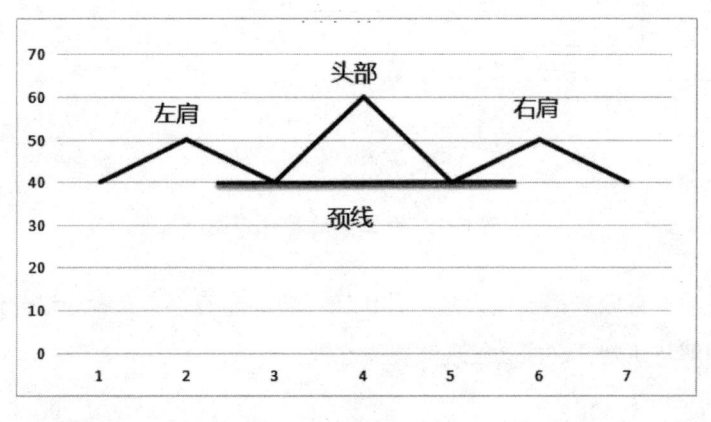

图4-16 头肩顶形态

需要注意的是，在头肩顶形态中，当左肩、头部、右肩都出现后，颈线是决定或者说是判断其是否构成反转形态的主要因素。只有右肩的下跌趋势突破了颈线，头肩顶形态才可以确立；如果没有突破，则不可以称之为头肩顶形态。如图4-17所示。

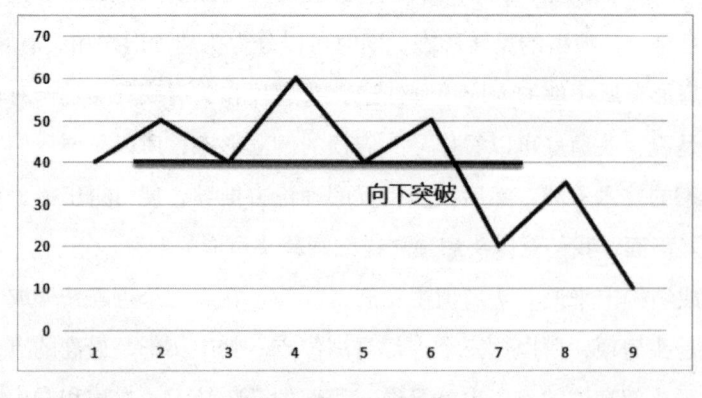

图4-17 突破颈线

第四章 三根及以上蜡烛图组成的形态

头肩顶形态作为最值得信赖的反转形态，意味着接下来的变化将打破当前的主要上升趋势向下跌的方向运行。

对于交易者来说，当右肩下降的趋势穿破颈线后，便可确立这就是头肩顶形态；但在这时往往已经错过了在右肩高点卖出的机会。那么，这是不是就意味着只能承担损失了呢？

其实，在右肩下降趋势突破颈线后，市场一般会马上有一个回升，但不会向上突破颈线，而这时就是风险较低的卖出时机。如图4-18所示。

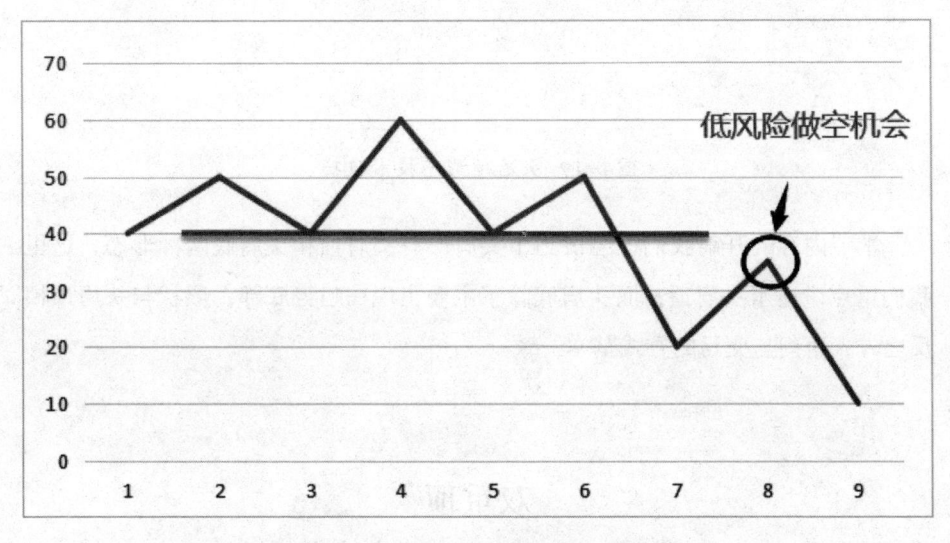

图4-18 留给交易者的做空机会

当然，头肩形态之所以被认为是值得被信任的反转形态，也是因为其拥有相对比较可靠和准确的技术技巧。以头肩顶形态为例，我们可以将头部的高点与颈线用一条直线连接（可以称之为"A线"），并从右肩下降趋势与颈线突破交叉点处向下垂直画一条等长于A线的直线（可以称之为"B线"），然后以B线下端为起点，向右画一条平行于颈线的直线（可以称之为"C线"）。当右肩下降趋势线与C线交叉时，这个交叉点就是价格突破颈线后会下跌到的位置（可以称之为"D点"）。虽然实际中的股价可能会出现更大的下跌幅度，但D点正是头肩顶形态给到我们的防止过早退出交易的最佳信号。如图4-19所示。

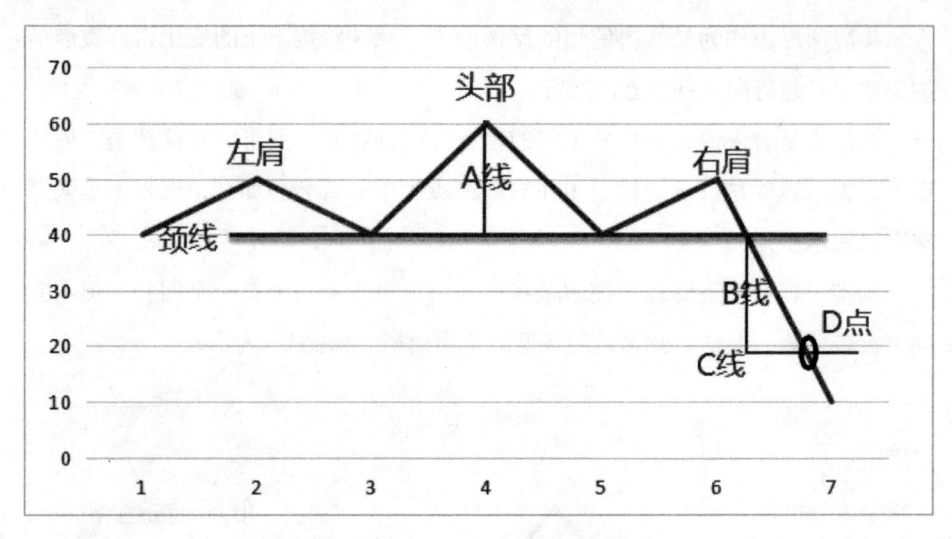

图4-19 头肩顶形态技术技巧

本节内容的开篇我们已经讲到了头肩形有头肩顶和头肩底两种形态,这里我们重点讲述了头肩顶;而头肩底除了主要出现在趋势底部,形状与头肩顶相反之外,研判与交易的方式基本一致。

双重顶

双重顶是由数根蜡烛图组成的股价走势形态,多出现于上涨行情的末期,基本运行规律是"上涨-下跌-上涨-下跌",由此形成两个高度基本相同的头部,即双顶。由于形似英文字母"M",所以也叫"M顶"。如图4-20所示。

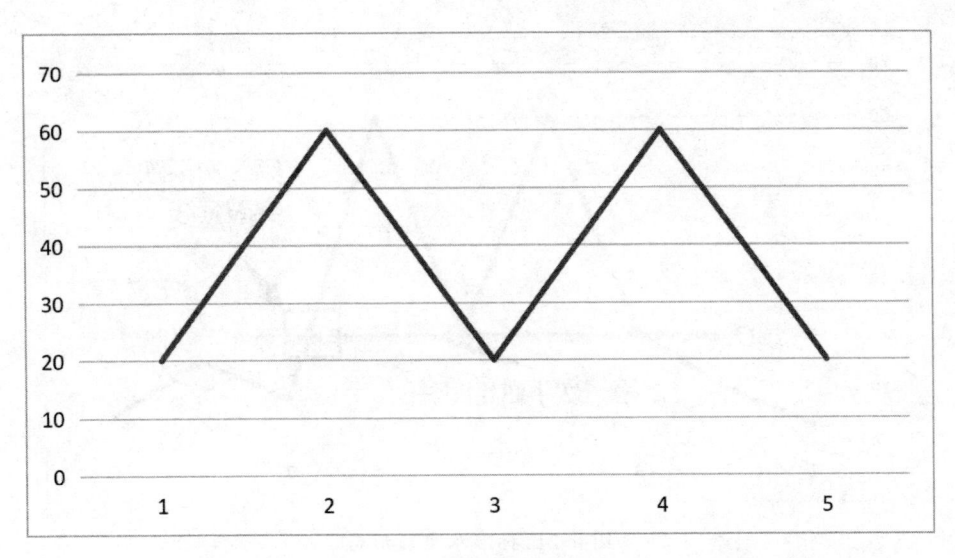

4-20 双重顶形态概述图

之所以会出现双重顶形态，是因为市场前期已经出现了较大的上涨趋势，可以说卖方的力量已经达到了饱和的程度，于是在股价大幅上涨到一定高位，被卖方判断为见顶后，便开始获利出局。当卖方的力量开始减弱，趋势就会顺势下跌。而当股价下跌到一定低位后，又会从场外涌进买方，助长买方力量，推动股价开始上涨。当股价再次冲到一定高位意味着见顶后，便会重现卖方抛售获利的场景，于是股价再次下跌，而且由于两次上涨趋势都很快出现下跌的现象，让更多的卖方失去了信心，不愿再坚守，于是纷纷缴械投降，导致股价继续下跌。

其实，标准的双重顶形态并不像我们上面说的那么简单，而是需要同时满足多个条件。首先，必须是出现在上涨行情的后期；其次，必须是两个距离最近的高位点；再次，两个头部的高度基本相同，即便有落差，也只能是左边的头部低于右边的头部，而且差距不得大于3%；最后，如果以第一次下跌的低点为中心点画一条水平线，这条线就是双重顶的颈线，而第二次下跌必须突破这条颈线。

如果以上几个条件都能够满足，就说明出现的是标准的双重顶形态。如图4-21所示。

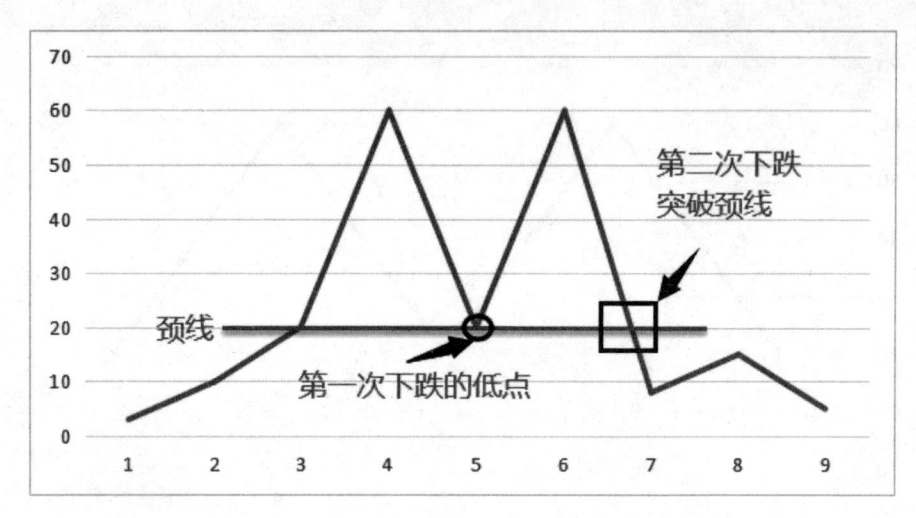

图 4-21 标准双重顶形态

由此也可以看出，双重顶是典型的顶部反转形态，甚至可以通过双重顶形态测算出股价自颈线下跌的幅度。用一条直线连接两个头部，然后以这条直线（可以称之为"A线"）的中心点为原点，画一条垂直于颈线的直线（可以称之为"B线"），而股价自颈线下跌的幅度应该大于等于B线的长度。如图4-22所示。

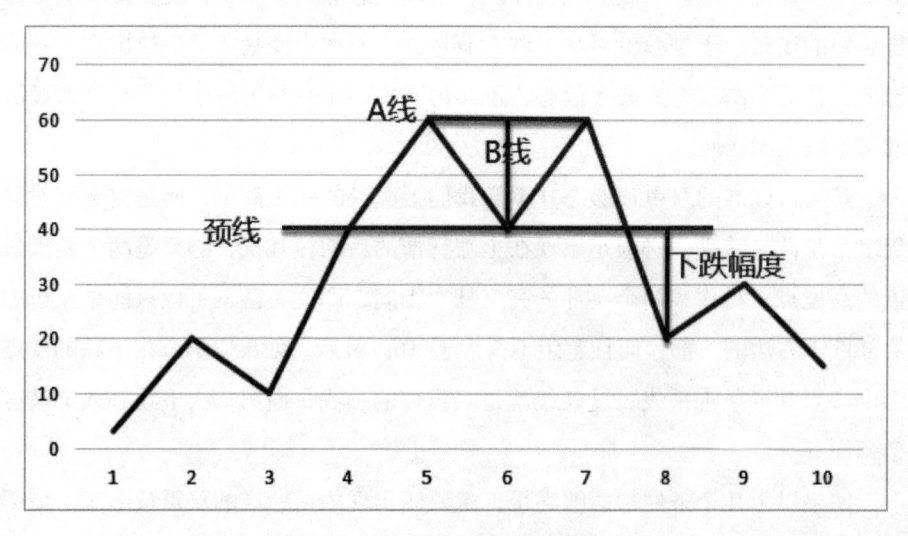

图 4-22 股价自颈线的下跌幅度

第四章 三根及以上蜡烛图组成的形态

一旦双重顶形态出现，往往就意味着价格会下跌，投资者应该抓住时机及时卖出。一般来说，在第二个头部出现的时候，是一个比较不错的出手机会，但这时完整的双重顶形态并未确立，很多人可能会错失这个机会；所以在第二次下跌突破颈线的时候，便成了双重顶形态为大多数人带来的最佳出手机会。因为股价一旦跌破颈线，就预示着将有更大的下跌行情，此时不抛更待何时？如图4-23所示。

图4-23 特锐德（300001）日线图

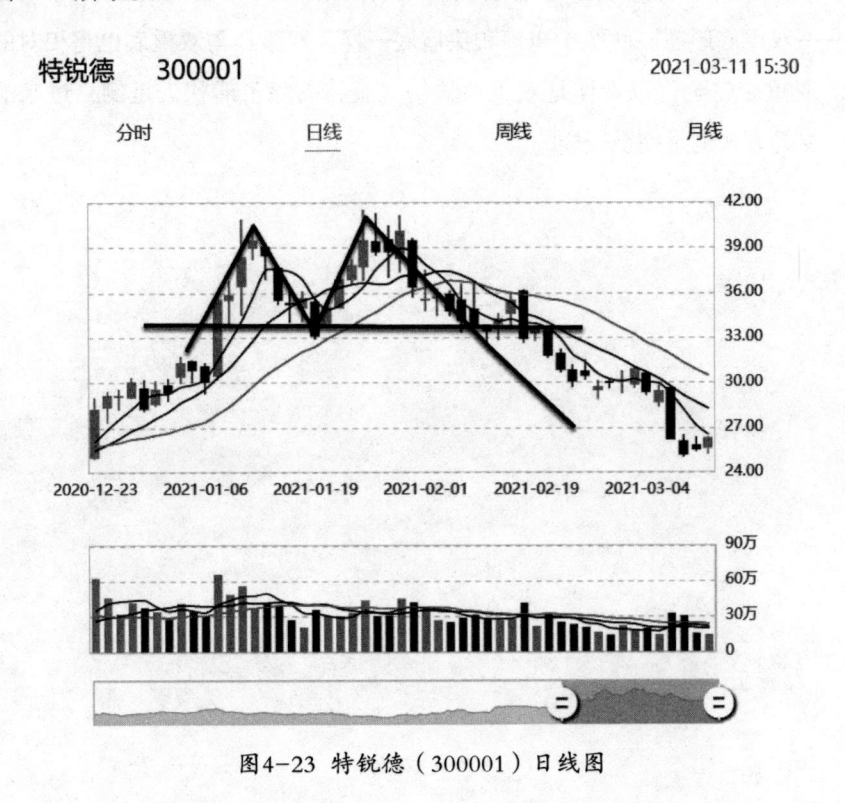

图4-23是特锐德（300001）自2020年12月23日至2021年3月11日的股价趋势图。从图中我们可以看出，自2020年12月23日出现的大阳线开始，一直到2021年1月12日，特锐德（300001）的股价一直在持续上涨，随后股价开始下跌，而这个由涨转跌形成的顶部正是出现在一段持续上涨行情的末期。2021年1月19日，特锐德（300001）的股价随着一根中阴线的出现，也预示着触底了，形成了第一次下跌的低点，随后开始了新一轮的上涨，至2021年1月28

103

日触顶反弹，由此形成了第二个顶部。之后开始了第二次下跌，并一度跌破颈线，形成了暴跌趋势。同时，这一过程也证明了图中的线段所标注的是一个标准的双重顶形态。

当然，从特锐德（300001）的整体走势中，我们不难发现双重顶形态的可靠性和准确性，也更加坚定了"只要出现双重顶，就应该马上清仓"的说法。

事实上，与双重顶形态有着同样的可靠性与准确性的还有另外一种形态——双重底形态。就像头肩顶和头肩底一样，双重顶与双重底也是相对的形态。双重底完全可以看作是双重顶的倒立版，而除了形状上是倒立过来的之外，交易方式也是完全一样的。

第五章

持续形态

持续形态是市场中的一种重要技术信号。一旦这种形态被确立，则表示之前的行情趋势将被延续，上涨则继续上涨，下跌则继续下跌，对于做多或者做空更具研判意义。

而市场上最为多见的持续形态主要有以下几种。如图5-1所示。

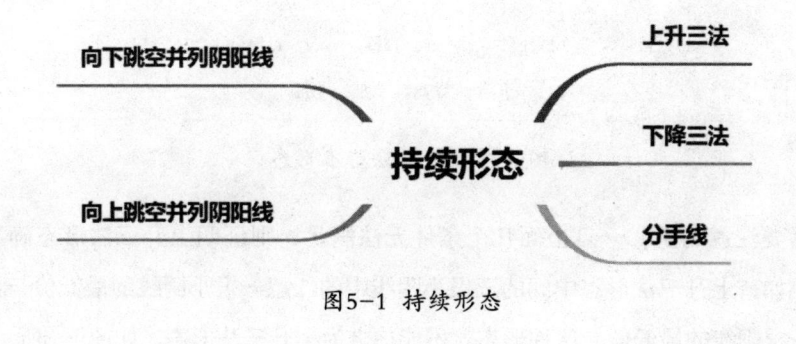

图5-1 持续形态

上升三法

在一段股价上升趋势中，如果我们发现某一天突然出现了一根中阳线或者大阳线后，又连续出现了几根较小的阴阳线，预示买方受到了卖方的小力量冲击，使股价暂时中止了上涨；但随即由一根高开高收的中阳线或者大阳线继续推动趋势向上，说明买方挣脱了卖方的束缚，重新夺得了优势。这样的情况下，便会出现上升三法形态。

具体而言，标准的上升三法形态是由五根蜡烛图组合而成。第一根为中阳线或者大阳线，中间三根是小阴线，呈下降趋势，而且每一根小阴线的最高价必须低于第一根阳线的最高价，每一根小阴线的最低价必须高于第一根阳线的最低价，第五根是中阳线或者大阳线（一般以大阳线为最佳），并且开盘价和收盘价都必须高于第一根阳线的开盘价和收盘价。如图5-2所示。

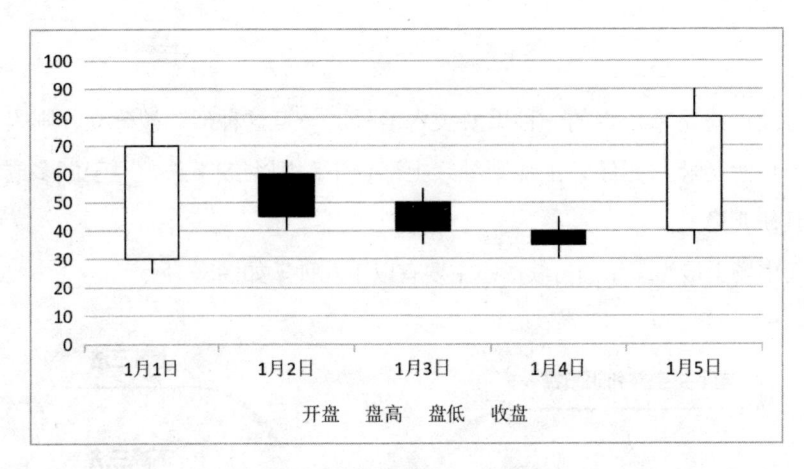

图5-2 上升三法标准形态

需要注意的是，一旦上面几个条件无法满足，则证明上升三法形态确立失败。例如，上升三法形态中间的三根小阴线中的任意一根小阴线的最低价一旦低于第一根阳线的最低价，这种形态就不能称之为上升三法形态。如图5-3所示。

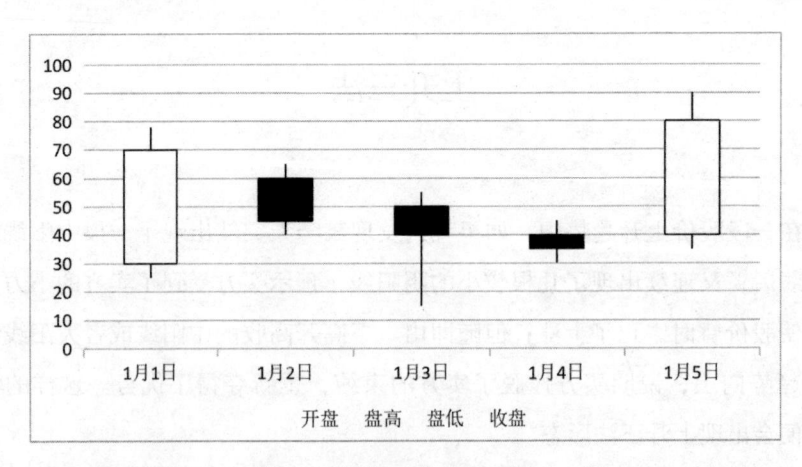

图5-3 上升三法形态不成立

再比如，第一根阳线的收盘价大于第五根阳线的收盘价，即第五根阳线实体的上端低于第一根阳线实体的上端，说明这种形态不是上升三法形态。如图5-4所示。

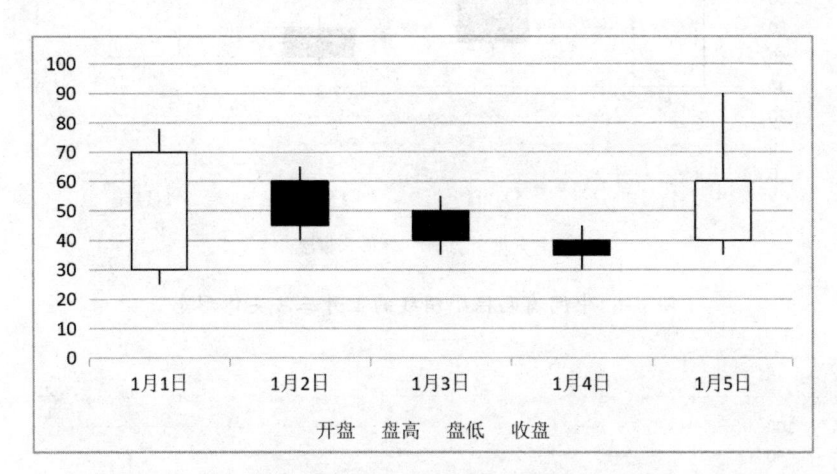

图5-4 上升三法形态不成立

而且，由于上升三法在实战中并不容易出现，所以经常会以变体现身，即中间的蜡烛图可以是两根，也可以是三根，而且不一定全部是小阴线，也可能出现一根或两根小阳线或者十字星。虽然这些变体并不是理想的上升三法形态，但依然有着较高的参考价值。如图5-5、图5-6、图5-7所示。

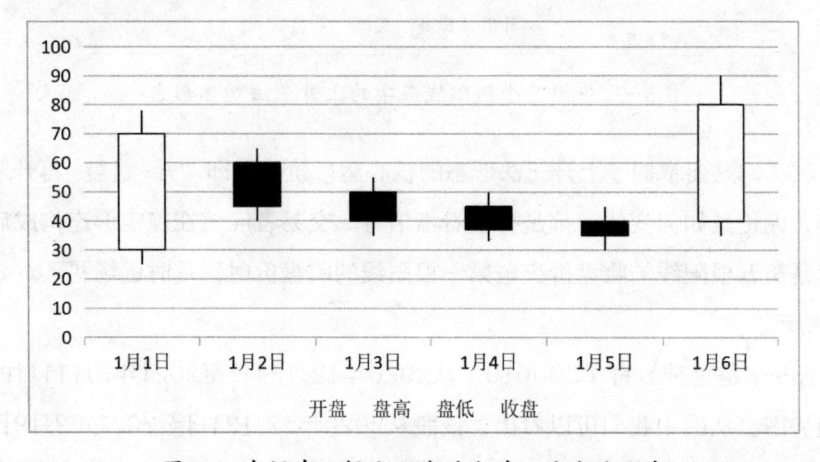

图5-5 中间有四根小阴线的上升三法变体形态

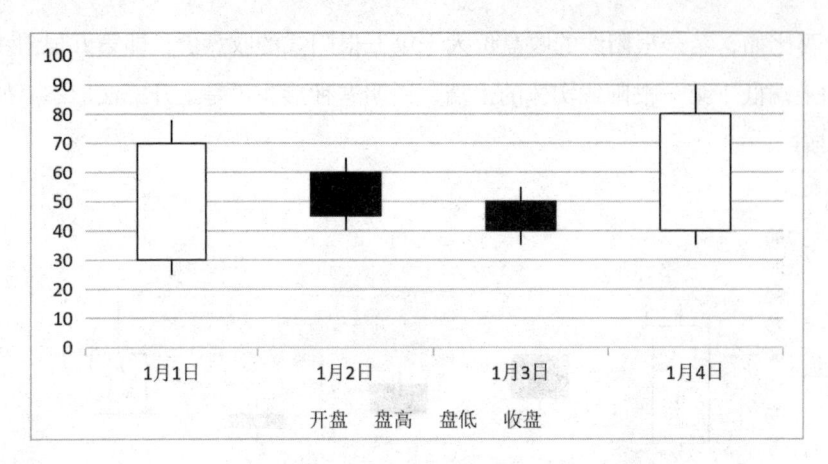

图5-6 中间有两根小阴线的上升三法变体形态

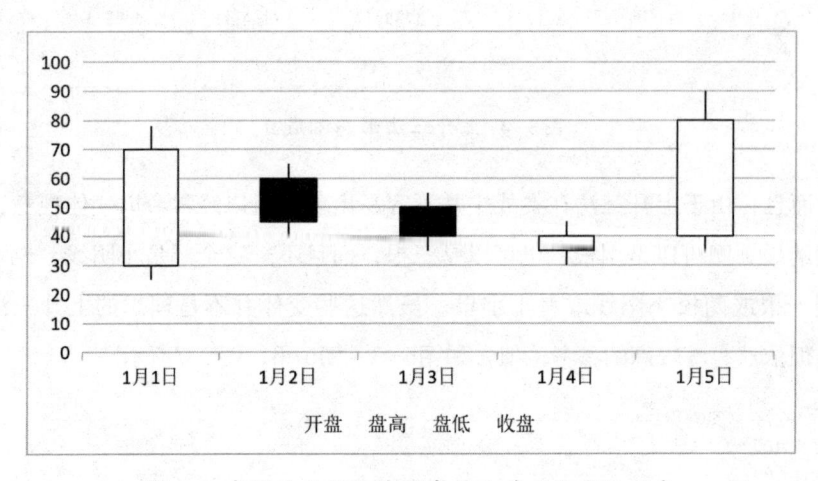

图5-7 中间为小阴阳线混杂的上升三法变体形态

其实，只要掌握了上升三法形态的核心运行轨迹，即"升-盘整-再升"的规律，无论其如何变体，都是持续看涨信号。交易者应该在确定形态构成后，也就是第五根阳线的收盘价突破第一根阳线的收盘价时，及时进场买入。如图5-8所示。

图5-8是豆神教育（300010）从2020年12月24日至2021年3月11日的股价趋势图。从图中我们可以看出，该股从2020年12月24日至2021年2月9日经过一个多月的盘整期后，于2021年2月10日终于触底反弹。而该股自2021年2

月18日至2021年3月8日之所以能够出现迅猛的上涨趋势，自然要归功于期间共出现两次的上升三法变体形态。虽然形态有所变体，但是从图中我们可以很明显地看到，正是这两次上升三法变体形态的出现，推动趋势持续上涨达20天之久。如果投资者在第一次出现上升三法变体形态后，也就是于2021年2月26日能够及时进场，无疑是最明智之举，必然会获利良多。

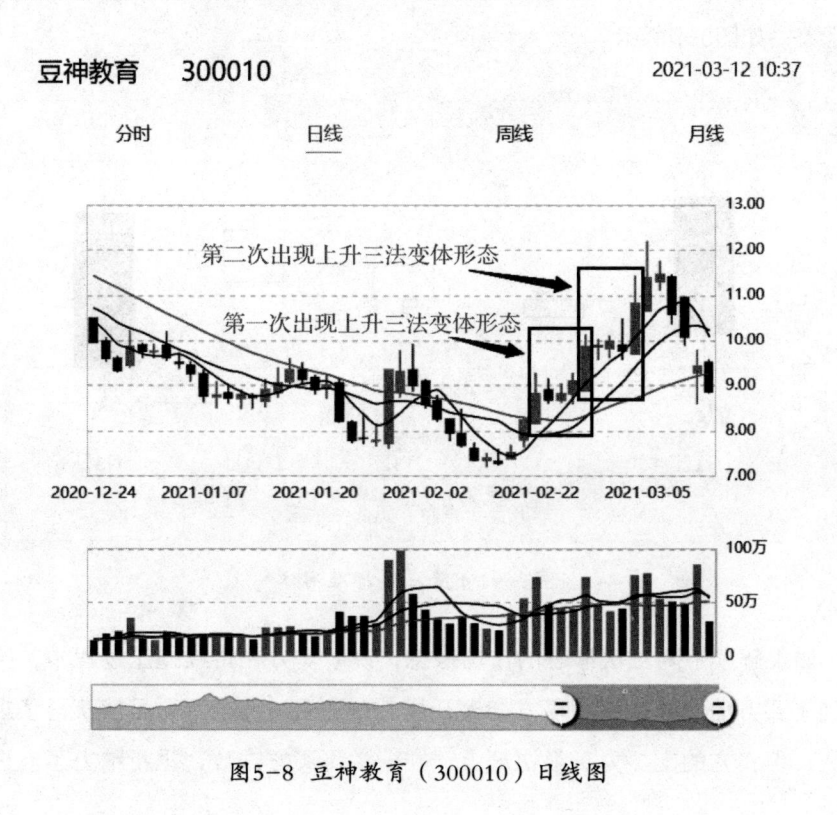

图5-8 豆神教育（300010）日线图

下降三法

下降三法也是由五根蜡烛图组合而成，可以看作是上升三法的对应形态，是预示股价将继续下跌的信号，同样是一种比较可靠的持续形态。

所以，如果我们在一段下跌趋势中，发现有一天突然出现了一根中阴线或者大阴线，并从第二日开始，连续出现了三根呈上涨趋势的小阳线；每根小阳线的最高价低于第一根阴线的最高价，且每根小阳线的最低价高于第一根阴线的最低价；并在第五日出现了一根中阴线或者大阴线，其开盘价低于第一根阴线的开盘价，最低价同样低于第一根阴线的最低价。这便可视为标准的下降三法形态。如图5-9所示。

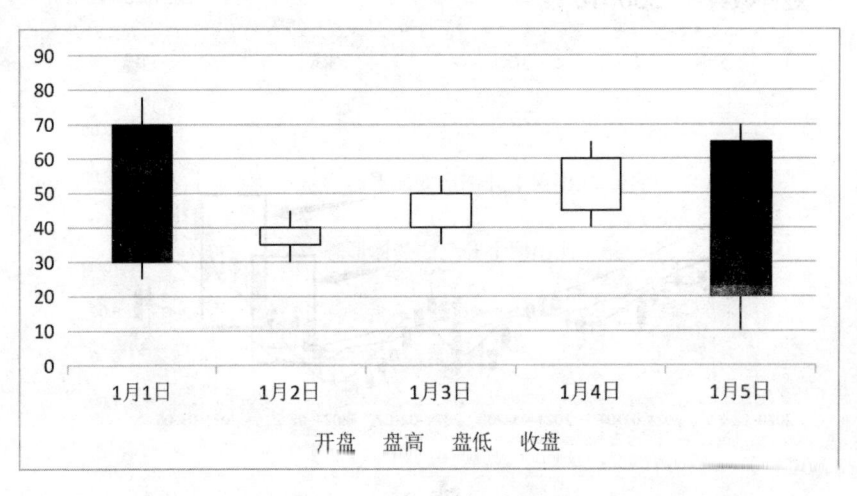

图5-9 下降三法标准形体

如果解读下降三法形态的市场信息，说明卖方在持续抛压过程中，突然遇到了买方的偷袭，于是双方交火开战。在这个过程中买方虽然获得了短暂优势，但卖方的支援力量很快赶上，并一举将买方击败，重新踏上了前进的征途。

然而，在买卖双方短暂交战过程中，很有可能会出现反复，买方不一定完全压制卖方，也有卖方击败买方获得小胜的可能。所以，在实际情况下，下降三法也会存在与上升三法出现变体一样的情况。如图5-10、图5-11、图5-12所示。

第五章 持续形态

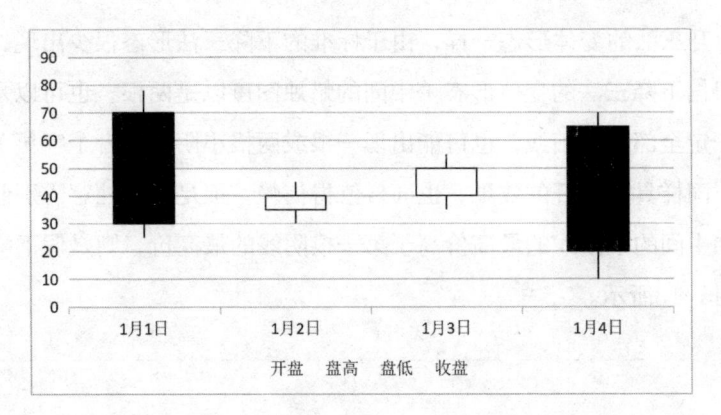

图5-10 中间有两根小阳线的下降三法变体形态

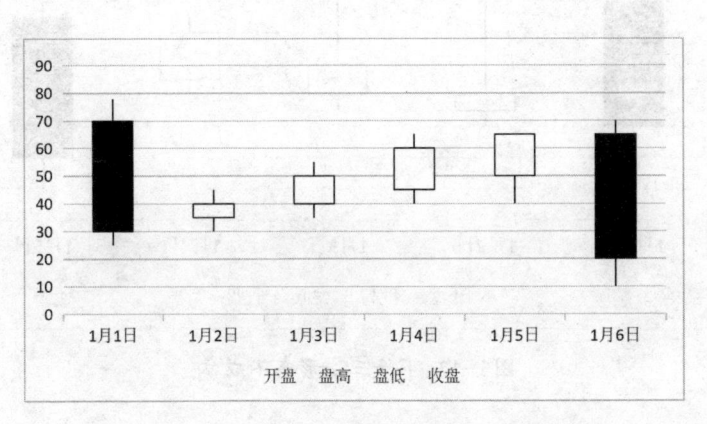

图5-11 中间有四根小阳线的下降三法变体形态

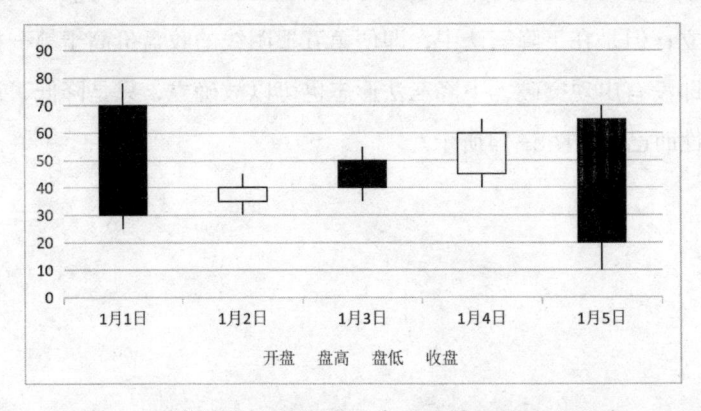

图5-12 中间为小阴阳线混杂的下降三法变体形态

113

▌日本蜡烛图技术

　　与上升三法的变体形态一样，由于标准的下降三法形态很少出现，所以我们可以根据下降三法的变体形态（中间的蜡烛图可以是两根，也可以是三根，而且不一定全部是小阳线，也可能出现一根或两根小阴线或者十字星）进行市场研判，同样具有很好的效果，也同样值得信赖。但是需要注意辨别假下降三法，比如中间的小阳线的最高价高于第一根阴线的最高价，则是假下降三法形态。如图5-13所示。

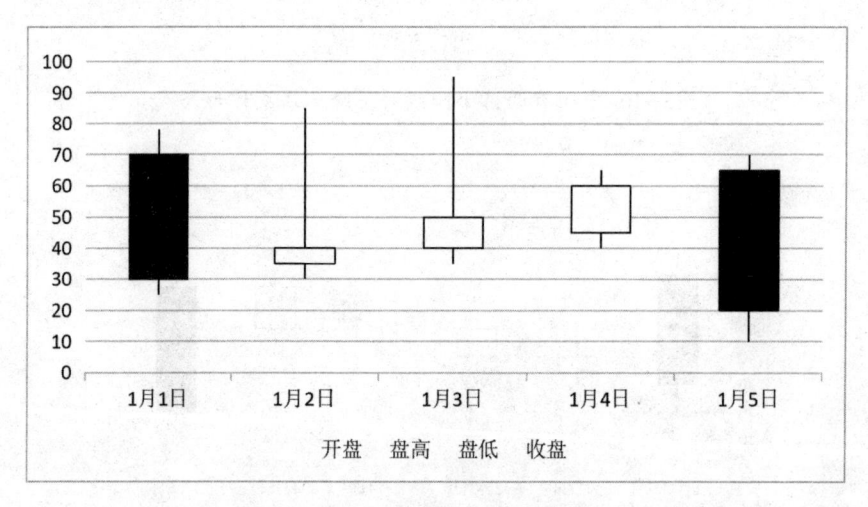

图5-13　下降三法形态不成立

　　其实，在确立下降三法形态时，有一点与上升三法形态不同。在上升三法中，第五根阳线的收盘价如果低于第一根阳线的收盘价，则可以判定上升三法形态不成立；但是在下降三法中，即便第五根阴线的收盘价高于第一根阴线的收盘价，即没有出现突破，下降三法形态也可以被确立，只是降低了该形态向下的推动性而已。如图5-14所示。

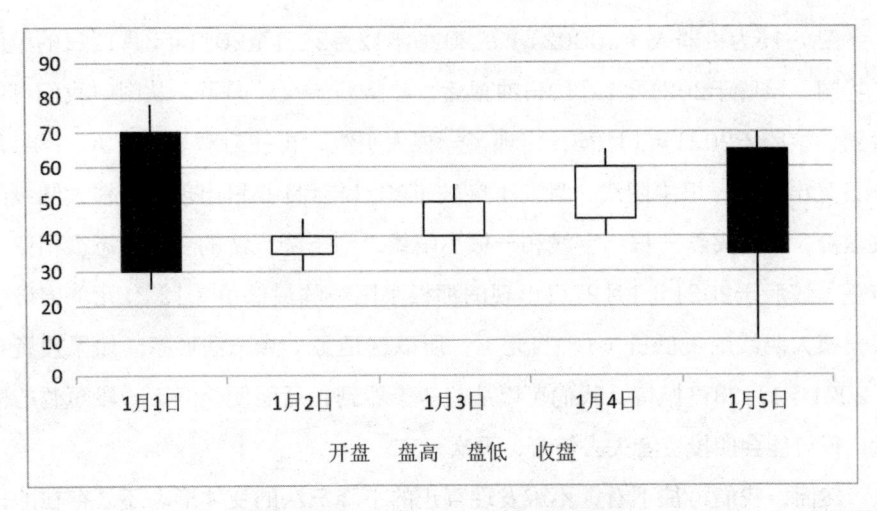

图5-14 下降三法形态依然成立

已入市的投资者观察一段时间的下跌趋势后，如果发现出现了下降三法形态，则要尽快将股票卖出；而未入市的投资者，则应该以继续观望为佳。如图5-15所示。

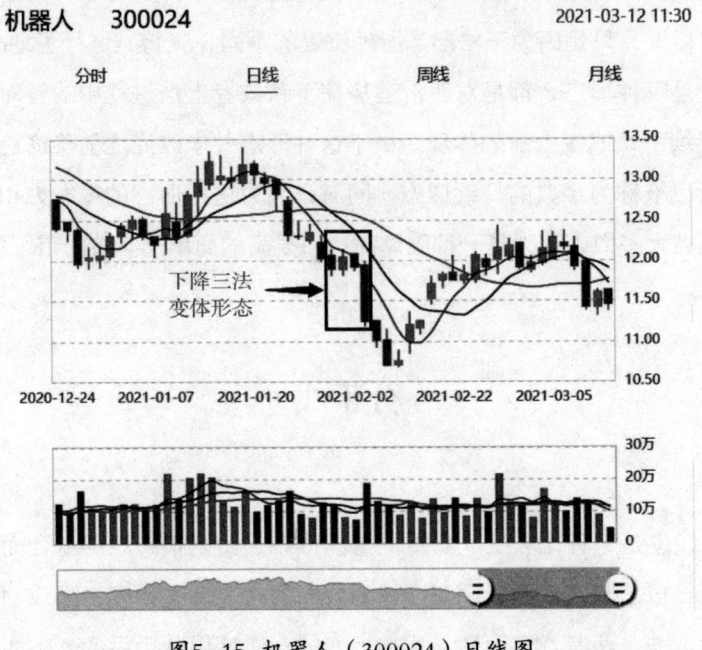

图5-15 机器人（300024）日线图

图5-15为机器人（300024）从2020年12月24日至2021年3月12日的股价趋势图。该股于2021年1月19日冲顶后，趋势开始反转向下。从图中我们可以看到，该股于2021年1月25日出现了一根大阴线，再往后观察，于2021年1月28日又出现了一根中阴线，且向下突破了2021年1月25日出现的那根大阴线的收盘价，中间夹着一根十字线和一根小阳线，与下降三法的变体形态很相似。但是，该股于2021年1月27日出现的那根小阳线的最低价（12.21元）突破了第一根大阴线的最低价（12.24元），所以这是假下降三法形态。如果投资者于2021年1月28日抛售，我们可以从趋势上看到，后面便会经历一段短暂的横盘，很可能会使投资者失去信心，再次入市。

　　然而，我们再往下看，不难发现真正的下降三法的变体形态还是存在的，即图中方框中的四根蜡烛图的组合形态。如果投资者于第四根大阴线出现时及时卖出，便是获利的最佳时机。而且，这根大阴线创出了新低，必然会推动趋势骤降。我们再结合上图走势来看，果真形成了近似直线式的下跌趋势。

　　上升三法和下降三法其实统称为三法形态。如果三法形态处于上升趋势中，则是上升三法形态；相反，如果三法形态处于下降趋势中，则是下降三法形态。可以说，只是因为三法形态所处位置的不同，又将其进行了划分。

　　无论是哪种形态，都是对股价趋势在下跌或者上涨过程中的暂时休整，也是而后继续下跌或者上涨的体现。由于这种形态并未改变之前价格趋势的运行轨迹，所以被称为经典的持续形态。同时，因为这种形态的爆发力和持久力都较强，也被大多数人认为是一种胜算高、回报高的简单又有效的市场信号。

分手线

　　分手线也是一种比较受人看重的持续形态，由两根蜡烛图组合而成，一根为阳线，一根是阴线。因为阴阳两根蜡烛图的代表意义不同，阳线预示上涨，阴线预示下跌，两者背道而驰，犹如相恋的一对情侣分手后各奔东西，所以取名为分手线，也可以叫作分离线。

同时，由于组成分手线形态的两根蜡烛图可以调换位置，即第一根蜡烛图可以是阳线，也可以是阴线，所以分手线形态又可以分为"前阳后阴分手线形态"和"前阴后阳分手线形态"。无论是哪种分手线形态，第一根蜡烛图的开盘价与收盘价之差，应该与第二根蜡烛图的开盘价与收盘价之差相等，或者相差无几；同时，第一根蜡烛图的开盘价与第二根蜡烛图的开盘价也应该相等，或者相差无几。否则，视为分手线形态不确立，而有无上下影线影响不大。如图5-16、图5-17、图5-18、图5-19所示。

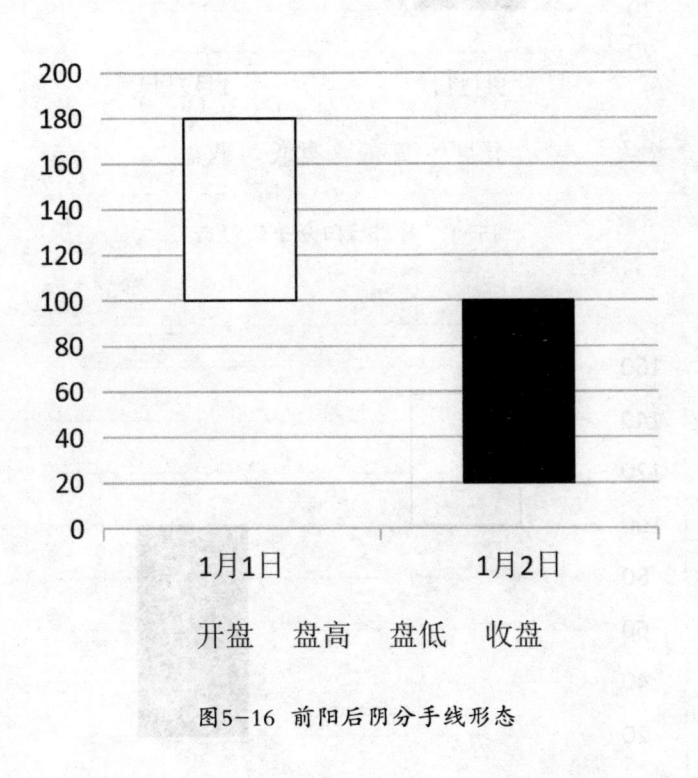

图5-16 前阳后阴分手线形态

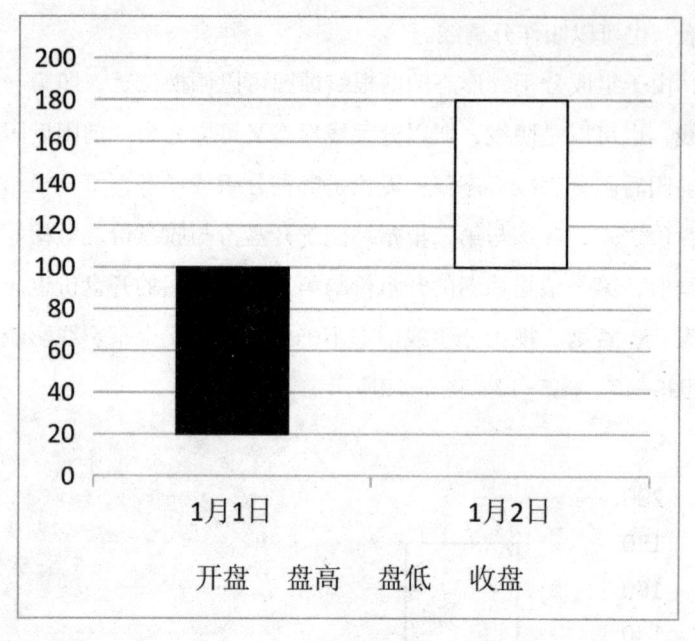

图5-17 前阴后阳分手线形态

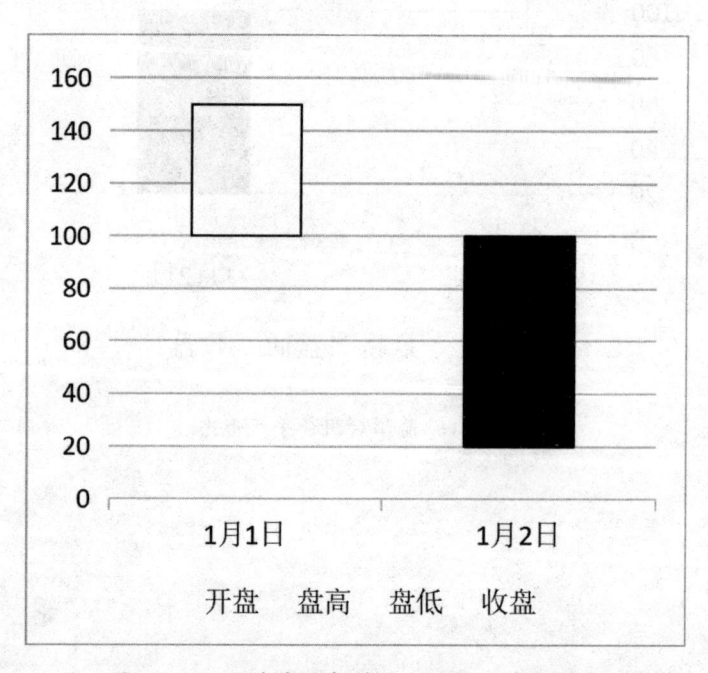

图5-18 阴阳线实体相差较大的假分手线形态

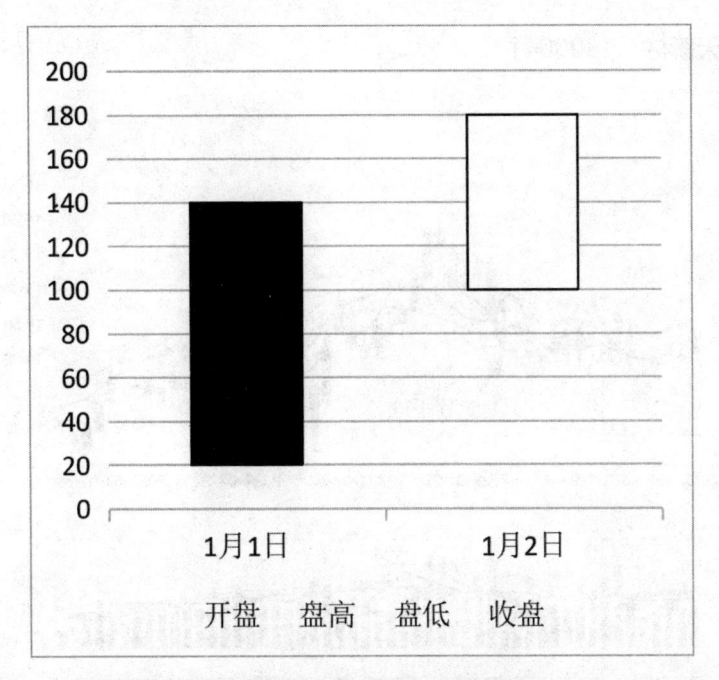

图5-19 阴阳线开盘价相差较大的假分手线形态

1. 前阴后阳分手线形态。

这种形态多出现在上涨趋势中,是股价在上涨过程中遇到阻力后,可以继续维持上涨轨迹不变,发出的是买入信号,所以也可以叫作"上涨分手线"。

如果在一段上涨趋势比较明显的途中突然出现了一根阴线,意味着买方对市场行情产生了怀疑,而卖方趁机打压,买方在措手不及的情况下,市场收出了一条高开低走的阴线。但是,第二天的开盘价较高,买方一下子看到了希望,他们重整旗鼓,打破卖方的压力,最终推动股价高开高收,出现了一根阳线。所以,投资者入市的时机,不是阴线出现时,而是阳线收成时。如图5-20所示。

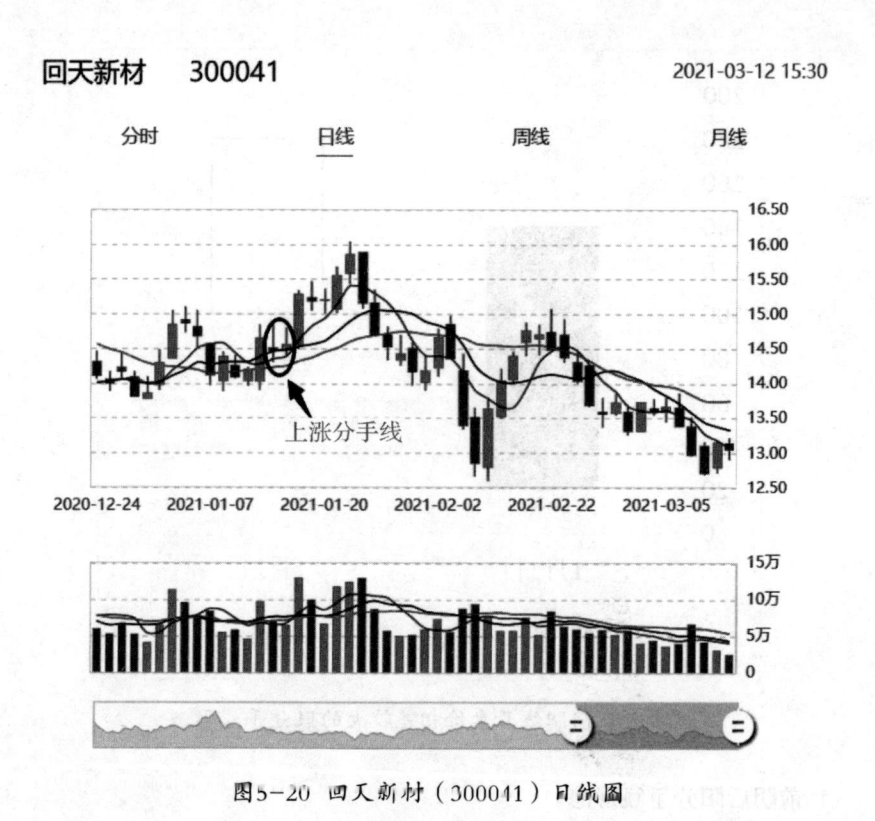

图5-20 回天新材（300041）日线图

在回天新材（300041）的趋势图中可以看到，该股于2021年1月12日开始反转上弹，扭跌为涨，但在2021年1月14日突然出现了一根小阴线，难免让想要入市的投资者犹豫不定；但第二日的小阳线的开盘价（14.49元）却与小阴线的开盘价（14.50）相差甚小，可以判定这是上涨分手线形态，投资者此时即可入市。尤其是小阳线之后出现的大阳线，更是高开高走，瞬间恢复了之前的上涨趋势。

2. 前阳后阴分手线形态。

这种形态多出现于下跌趋势中，所以也叫"下跌分手线"，预示趋势受压后将继续下跌，是一种卖出信号。

下跌分手线形态所反映的市场信息与上涨分手线形态正相反，说明卖方遭遇买方的小势力打击后，很快恢复信心，继续走上了打压趋势下跌的轨道。同样，在这种形态出现后，投资者应该在第二根阴线出现后尽快卖出。如图5-21

所示。

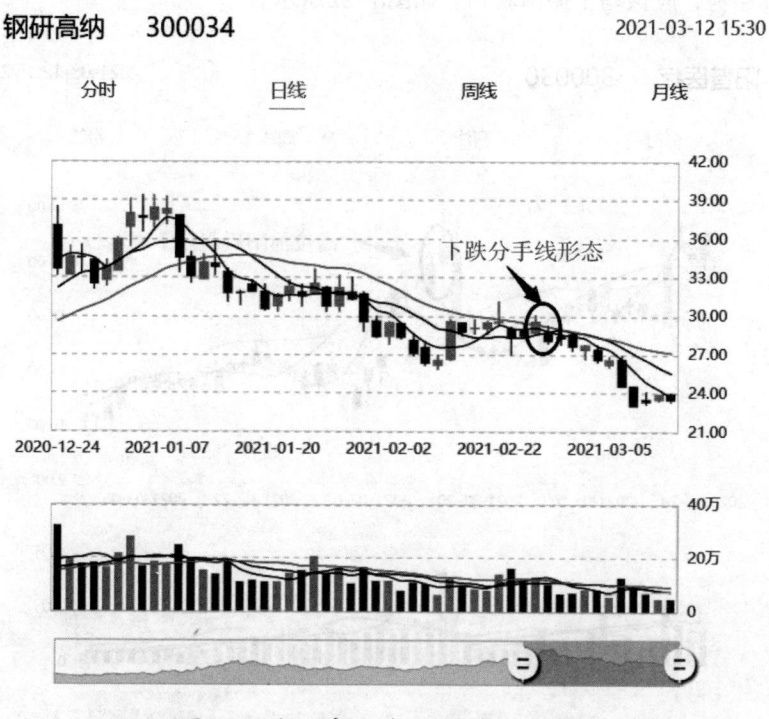

图5-21 钢研高纳（300034）日线图

由上图可知，该股从2021年1月8日至2021年3月9日，走出了一段非常长的下跌趋势。虽然该股于2021年2月9日收出一条大阳线，但并未形成反转，而是进入了盘整期，随后出现了下跌分手线形态，下降趋势得以持续。如果投资者在出现大阳线时入市了，并在下跌分手线的第二根阴线形成后及时卖出，那么往往不会损失太大。因为我们可以从图中看出，这段时间属于震荡期，股价的上下浮动很小，没有大起大落，影响不大。

3. 分手线形态处于高/低位。

通过上面的内容我们已经得知，上涨分手线必须处于上涨趋势的途中，才能发出有效信号；下跌分手线必须处于下跌趋势的途中，方才可以被信赖。那么，当分手线形态出现于高位或者低位时，又应该如何进行研判呢？

如果该形态出现在高位（这种情况一般很少发生），无论是前阴后阳的上涨分手线形态，还是前阳后阴的下跌分手线形态，都预示已经见顶，将形成持续下降趋势，应该马上抛出获利。如图5-22所示。

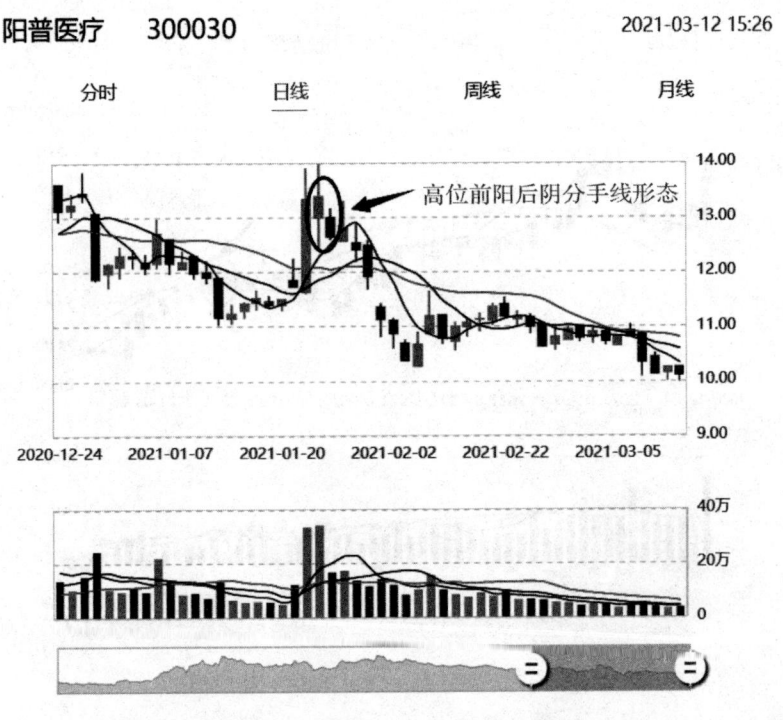

图5-22 阳普医疗（300030）日线图

图5-22中所标注的前阳后阴分手线形态出现的位置，显然是阳普医疗（300030）的高位了，尤其是2021年1月25日的最高价高达13.98元，甚至最终也以13.38元的价格收盘，预示着已经见顶。随后，该股出现了下跌分手线形态，趋势直线下降。由图中的下降趋势可知，如果投资者在高位未及时抛出，必将在很长一段时间内被套牢。

如果分手线形态出现在低位，则需要依据分手线的两种不同形态进行研判。当前阳后阴的下跌分手线形态出现在低位时，如果按照持续形态的惯性特征来说，应该继续维持趋势向下，但是如果阴线后收出了一根阳线的话，则预示趋势将向上。投资者可着重观察阴线后出现的是阳线还是阴线，如果是阳线则可以买入，如果是阴线则需继续观望。如图5-23所示。

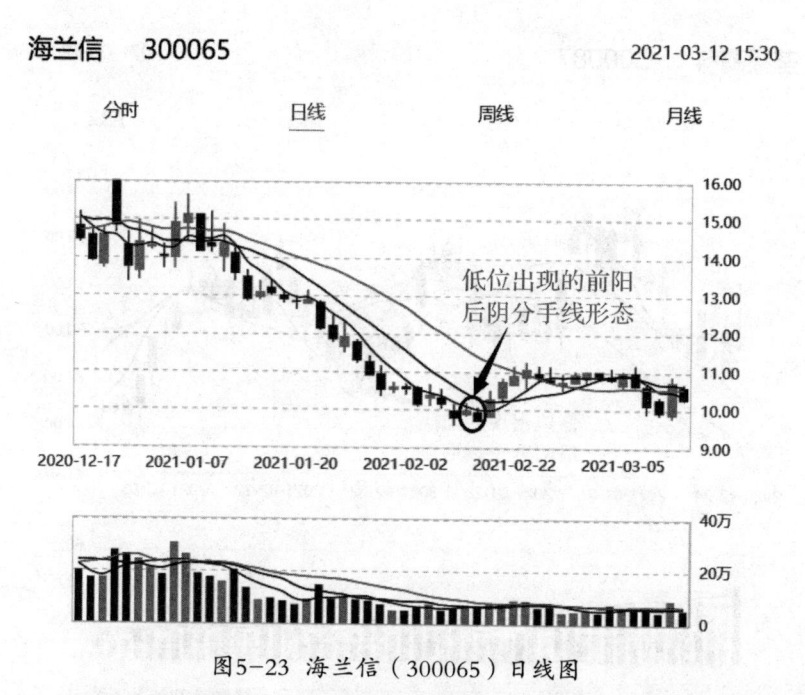

图5-23 海兰信（300065）日线图

该股在走出一条长长的下跌趋势后，终于在低位出现了前阳后阴的分手线形态，本应该继续趋势向下，但是阴线后出现了一根阳线，终止了下跌趋势，并出现了小幅度的上涨。

当前阴后阳的上涨分手线形态出现在低位时，是不是应该按照持续形态的特征继续趋势向上呢？如图5-24所示。

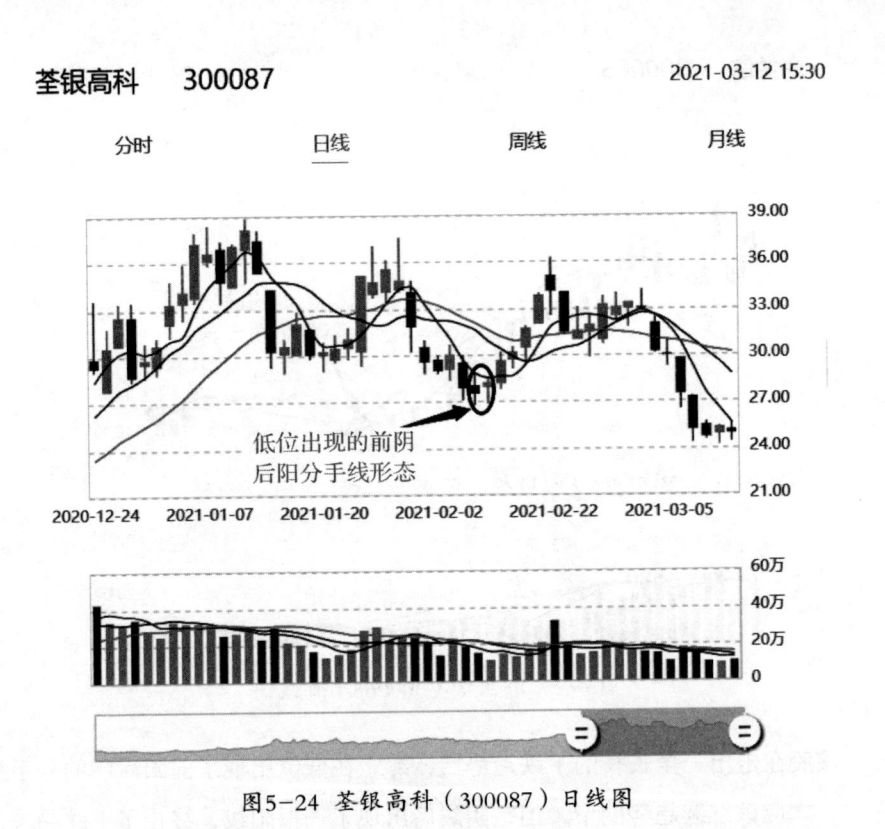

图5-24 荃银高科（300087）日线图

从荃银高科（300087）的趋势图中可以看到，该股经过"涨-回调-涨-跌"的运行轨迹后，下探到了低位，并随之出现了前阴后阳的上涨分手线形态，但在第二日再次出现了一根阳线，而且属于高开高走，所以可以判定上涨分手线形态维持了其持续特征，推动趋势继续向上。由此可见，投资者在低位遇到前阴后阳的上涨分手线形态后，可以择机抄底买入。

向上跳空并列阴阳线

向上跳空并列阴阳线由三根蜡烛图组合而成，前提条件是必须处于一段明显的上涨趋势途中，第一根是中阳线或者大阳线；第二根是开盘价高于第一根阳线最高价，并且存在一定距离的阳线；第三根是开盘价低于第二根阳线的收盘价，收盘价低于第二根阳线的开盘价，最低价高于第一根阳线的最高价，且存在一定距离的阴线。其中，第二根阳线的收盘价与开盘价之差，与第三根阴线的开盘价和收盘价之差，应该相等，或者相差无几。换句话说，就是第二根阳线的实体与第三根阴线的实体应该大小相似。如图5-25所示。

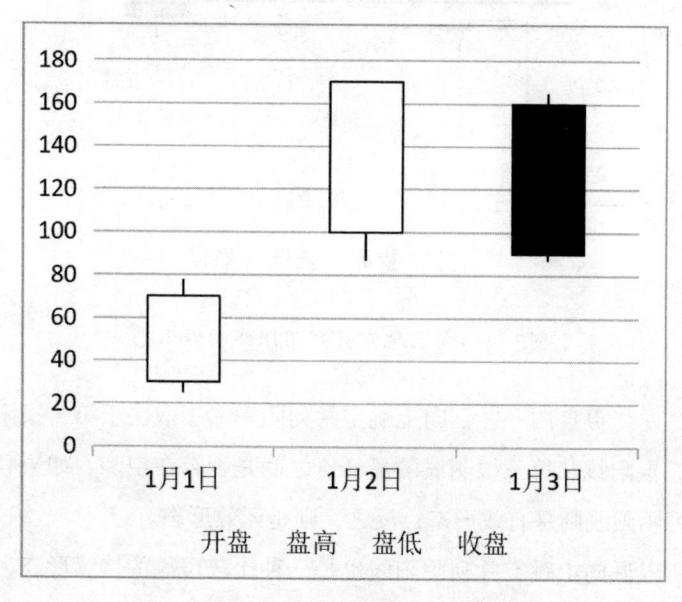

图5-25 向上跳空并列阴阳线标准形态

以上便是构成标准向上跳空并列阴阳线形态的几个条件，如果其中任何一条无法满足，都不可以确立其形态。其中，尤其需要注意的一点是，一旦第三根阴线向下突破过大时，即收盘价或者最低价低于第一根阳线的最高价或者收盘价后，说明向上跳空并列阴阳线形态不成立。如图5-26所示。

125

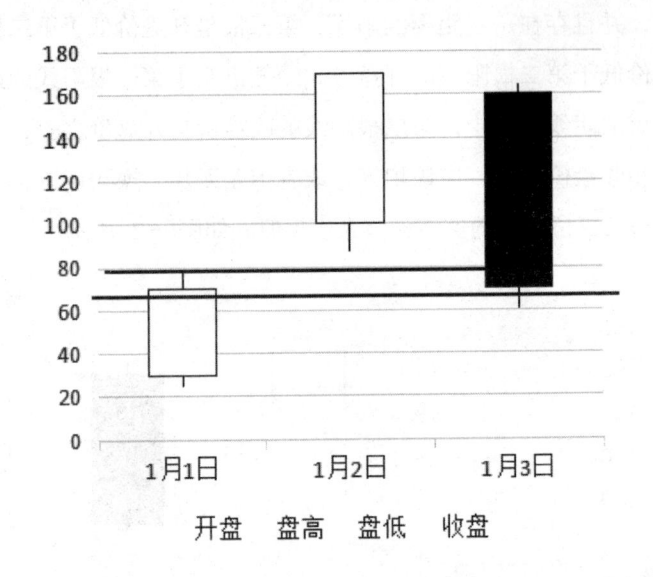

图5-26 向上跳空并列阴阳线的假形态

其实，说得更直白一些，向上跳空并列阴阳形态取决于第一根阳线的最高价，与第二根阳线和第三根阴线的最低价之间是否存在空隙。如果有空隙，向上跳空并列阴阳线则是有效形态；反之，则是无效形态。

而之所以说向上跳空并列阴阳线也是一种比较可靠的持续形态，是因为第一根阳线本就处于上涨趋势中，尤其是第二根阳线更是走出了高开高收的趋势，无不说明买方占据着市场主导地位。但也正是因为这根高开高收的阳线，让买方内部出现了分歧，一些短线投资者或者投机者见钱眼开，于是在次日开始获利抛售，导致买方力量减弱，股价随之向下回落。当这些人套现完结后，股价也终止了下跌趋势，最终收盘于第一根阳线的最高价之上，意味着买方只是损失了部分兵力，并没有伤筋动骨，预示着依然有能力回归到之前的行动轨迹，即继续维持之前的上涨趋势。

事实上，向上跳空并列阴阳线形态出现的概率很小。于是，为了能够让广大投资者更好地运用这种可以有效预示上涨信号的形态，向上跳空并列阴阳线形态也延伸出了两种变体。相对来说，后者出现的概率更大一些，也更有利于对市场进行研判。

1. 向上跳空并列阳线形态。

该形态作为向上跳空并列阴阳线形态的变体，除了将第三根阴线换成阳线之外，其他构成条件与向上跳空并列阴阳线形态基本一致。如图5-27所示。

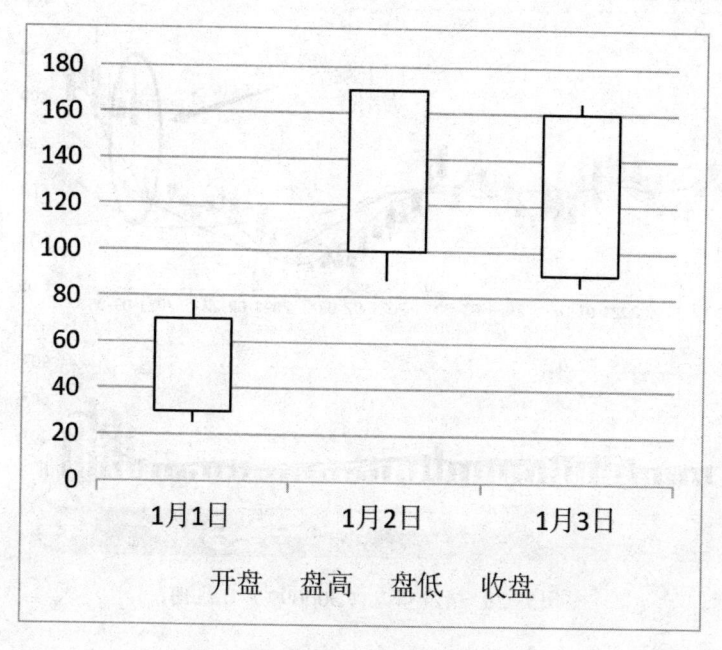

图5-27 向上跳空并列阳线形态

向上跳空并列阳线形态，意味着买方在第一根阳线出现的时候已经站稳了脚跟。随着第二根阳线高开高收，大多数买方更加坚定了跟进的信心，但也有少数买方还是担心这是虚假信号，于是怀着"知足者常乐"的想法，于次日开始清仓。然而，这个过程中获利了结的人毕竟是少数，所以第三根蜡烛图虽然以低于第二根阳线的开盘价开盘，却仍以较高价格收盘。可以说，第三根阳线的收成，加大了买方跟进买入的速度和数量，同时也加快了之前的上涨趋势。如图5-28所示。

日本蜡烛图技术

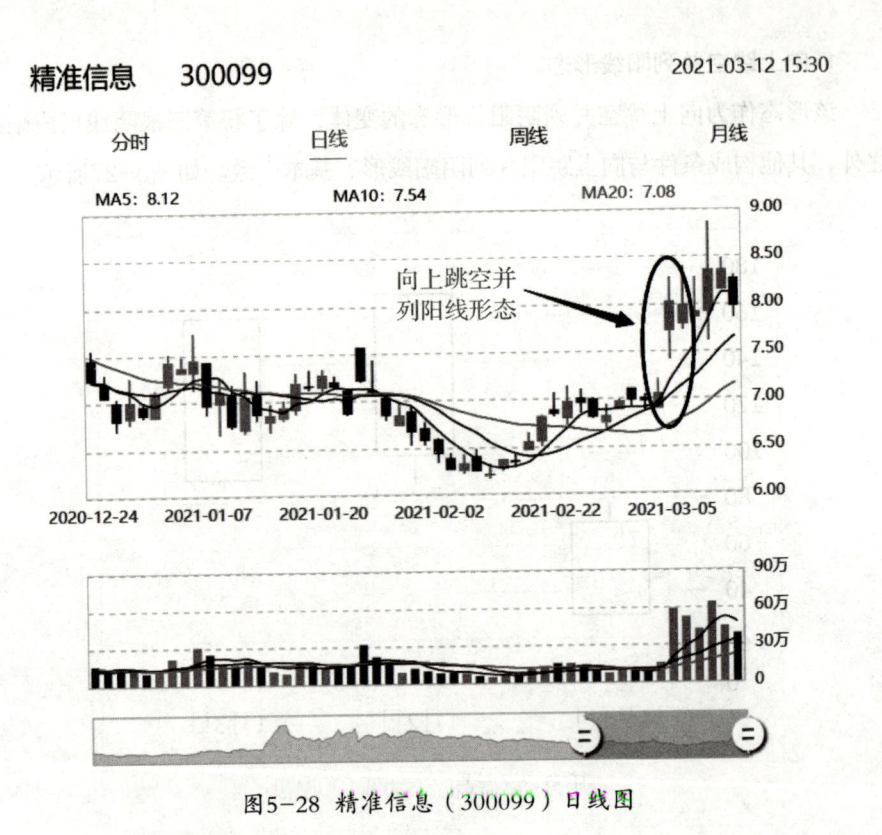

图5-28 精准信息（300099）日线图

从图5-28进行分析，可以看出精准信息（300099）于2021年2月8日触底反弹后，一直以较小的幅度上涨，直到2021年3月4日开始形成向上跳空并列阳线形态，上涨幅度也随之变大。同时，我们也不难发现，第三根阳线出现了较长的上影线，说明卖方施加了一定的压力，致使收盘价低于第二根阳线的收盘价，甚至在2021年3月9日出现了一根上下影线都较长的小阳线。但这些都不足以动摇第二根阳线的最低价与第一根阳线的最高价之间所形成的空隙为买方带来的信心。从图上我们可以看到这个空隙之大，不得不令人唏嘘，所以之后的趋势依然持续向上。对于场外的投资者而言，如果能以2021年3月8日的开盘价7.79元买入，则是最佳的入市时机。

2. 向上跳空并列阴线形态。

该形态与向上跳空并列阳线形态相比，只是将向上跳空并列阳线形态的第二根阳线和第三根阳线替换成了阴线，其他组合条件无异。如图5-29所示。

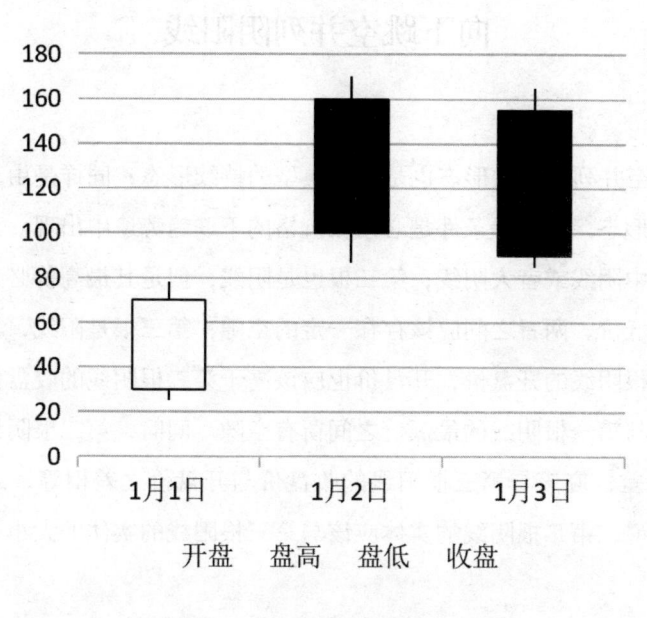

```
180
160
140
120
100
 80
 60
 40
 20
  0
      1月1日      1月2日      1月3日

       开盘   盘高   盘低   收盘
```

图5-29 向上跳空并列阴线形态

这种形态出现的前提，也必须是在一段比较明显的上涨趋势途中，同样是预示持续上涨的信号。但由于连续两根阴线的出现，说明买方的力量损失比较严重，卖出获利者居多。所以，向上跳空并列阴线形态虽然也可以继续原有的向上趋势，但也只是短暂的持续而已。于投资者而言，应该密切观察后市走向，注意规避风险。

如果我们将向上跳空并列阴阳线形态、向上跳空并列阳线形态、向上跳空并列阴线形态做一个持续强度的对比，那么结果是：向上跳空并列阳线形态>向上跳空并列阴阳线形态>向上跳空并列阴线形态。有了这个强度的对比，投资者在市场中针对具体出现的形态，往往可以做出更有效的研判，选择更有利的交易方式。

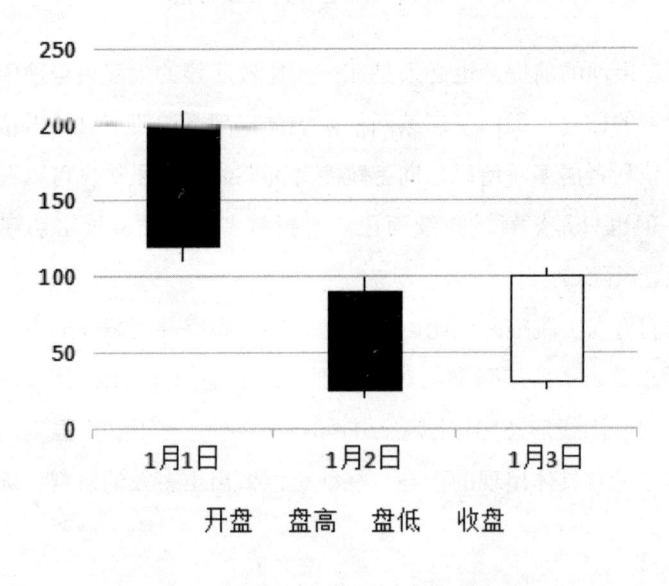

向下跳空并列阴阳线

　　向下跳空并列阴阳线形态也是一种典型的持续形态，同样是由三根蜡烛图组合而成的形态，但前提条件是必须在价格的下跌趋势途中出现。其中，第一根蜡烛图为中阴线或者大阴线；第二根也是阴线，但是其最高价必须低于第一根阴线的最低价，两者之间应该存在一定的空隙；第三根是阳线，其收盘价应该高于第二根阴线的开盘价，开盘价也应该高于第二根阴线的收盘价，而且其最高价应该与第一根阴线的最低价之间留有空隙。同时，第二根阴线的开盘价与收盘价之差，应该与第三根阳线的收盘价与开盘价之差相等，或者相差无几。也就是说，第二根阴线的实体应该与第三根阳线的实体的大小相当。如图5-30所示。

图5-30　向下跳空并列阴阳线形态

　　其中需要特别提醒的一点是，如果第二根阴线或者第三根阳线的最高价高于第一根阴线的最低价或者收盘价，则表示该形态不成立。如图5-31所示。

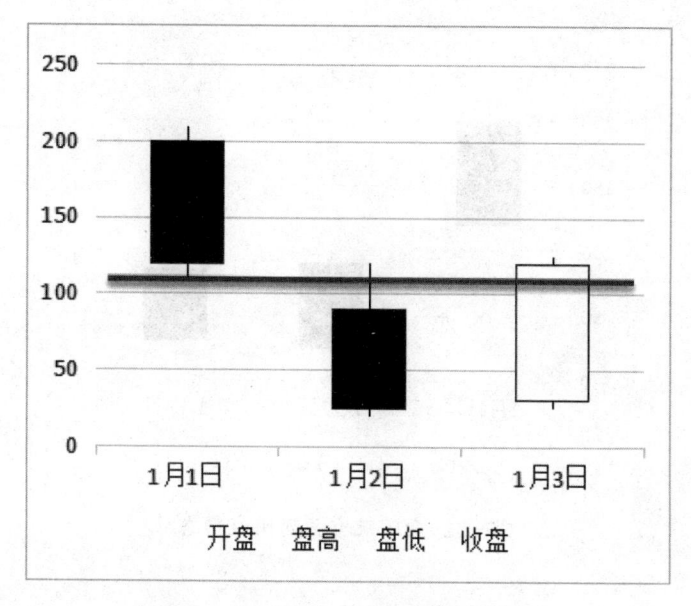

图5-31 向下跳空并列阴阳线的假形态

如果解读向下跳空并列阴阳线形态所反映的市场信息，不难发现，第一根阴线是股价在下跌趋势中，由于卖方持续打压顺势收出，而且卖方的抛压十分强势，继而推动第二日的股价以低于前日最低价较大幅度的价格开盘，同时也以较低价格收盘，从而出现了第二根阴线。此时，有些投资者会误以为这是一个底部信号，于是买入进场，促使股价高开高收，但其最高价仍未高出第一根阴线的最低价，所以就出现了第三根阳线。但毕竟由于这些误入的买家是有限的，最终还是因为无法与卖方展开真正的角逐，不得不以失败退场，所以市场趋势将持续原有运行方向。

对于投资者来说，如果以第三根阴线的收盘价卖出，往往可以将损失降到更低。

当然，向下跳空并列阴阳线形态在市场中其实也是很少出现的，所以我们也可以通过其变体，即向下跳空并列阴线形态、向下跳空并列阳线形态进一步对市场行情做出判断。如图5-32、图5-33所示。

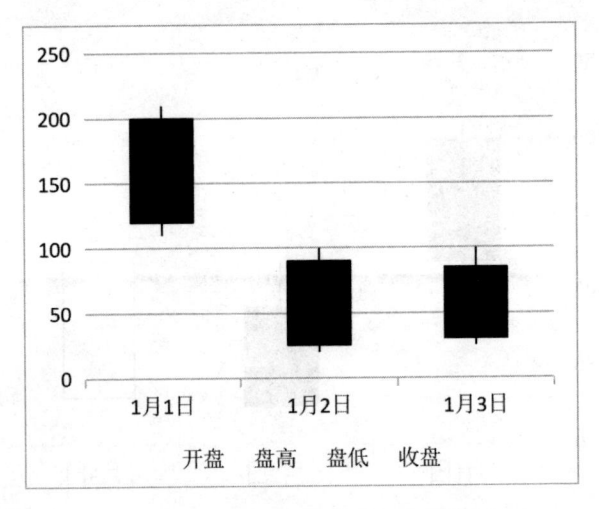

图5-32 向下跳空并列阴线形态

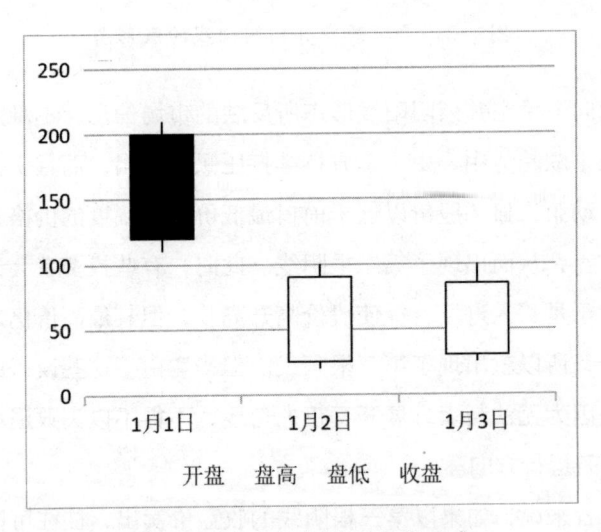

图5-33 向下跳空并列阳线形态

由于向下跳空并列阴线形态、向下跳空并列阳线形态可以看作是向上跳空并列阴线形态、向上跳空并列阳线形态的相反形态，所以其背后反映的市场心理和交易方式，都与向上跳空并列阴线形态、向上跳空并列阳线形态有着异曲同工之处，只是将向上跳空并列阴线形态、向上跳空并列阳线形态出现的前提条件以及结合的背景换成下跌趋势即可，在此不再赘述。

第六章

缺口

提到缺口二字，很多人第一时间可能会想到不好的一面，比如物体因为缺少一块而形成的缺陷等。那么，缺口在蜡烛图中，是不是也意味着损失、下跌、利空等？我们又为何要学习缺口、掌握缺口、研判缺口呢？接下来，我们就从缺口的概念、意义、种类、形态、特征、交易等多方面详细讲述。如图6-1所示。

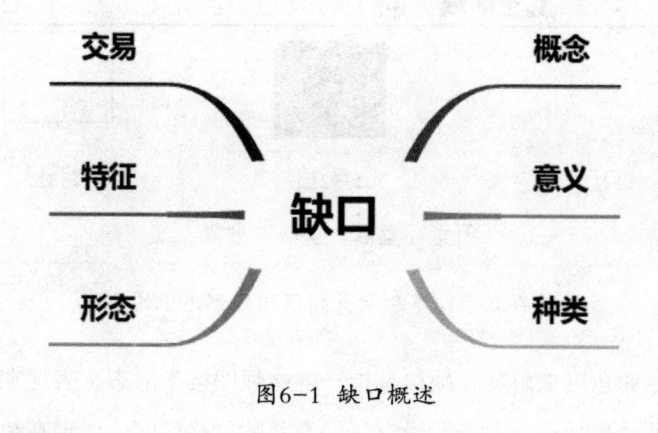

图6-1 缺口概述

何为市场中的缺口

其实，对于缺口的运用，我们在上面的章节内容中已经简单提到过，只不过在缺口没有被正式定义（是指在本书前面的内容中）之前，本书只是以价格差之间存在的空隙来代替的。

例如，第五章的向下跳空并列阴阳线形态，其中所讲到的"第二根也是阴线，但是其最高价必须低于第一根阴线的最低价，两者之间应该存在一定的空隙；第三根是阳线，其收盘价应该高于第二根阴线的开盘价，开盘价也应该高于第二根阴线的收盘价，而且其最高价应该与第一根阴线的最低价之间留有空隙"，这里所说的"空隙"便是缺口。如图6-2、图6-3所示，两条平行直线之间形成的真空区域就是缺口。

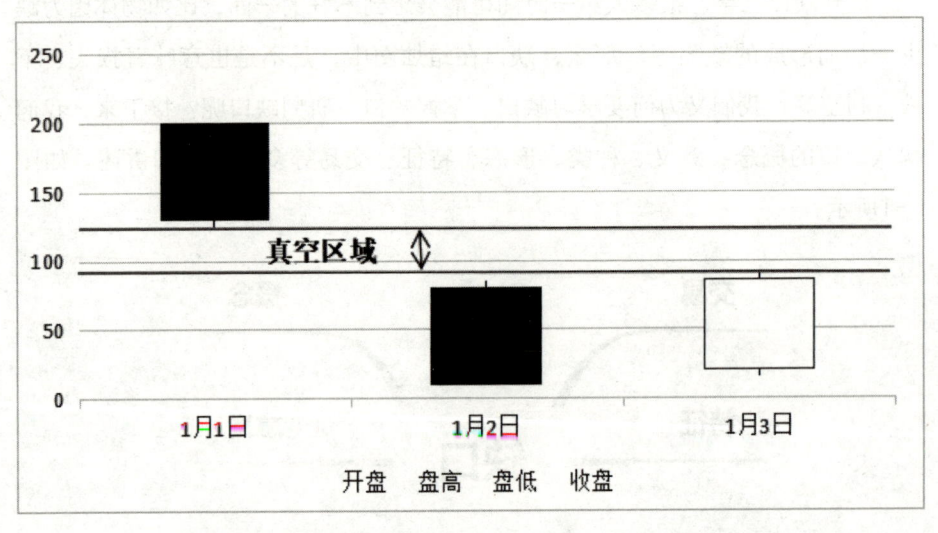

图6-2 存在于向下跳空并列阴阳线形态中的缺口

如果从专业角度来解释，缺口是指一种蜡烛图技术形态，表现在具体的股价趋势上，所呈现出的便是一段没有任何交易的价格区间，体现在趋势图上就是一个真空区域。

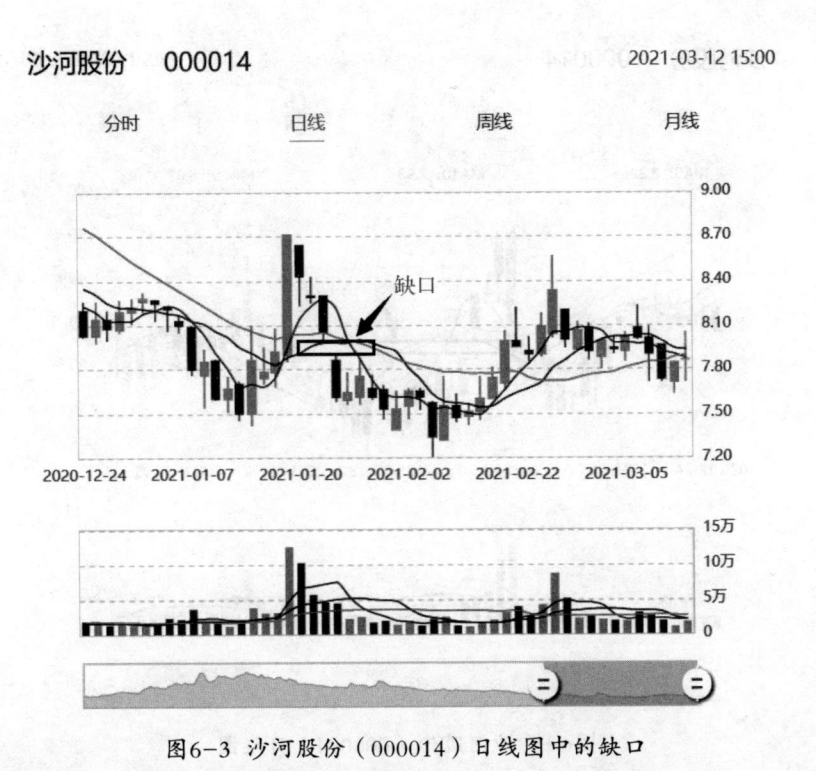

图6-3 沙河股份（000014）日线图中的缺口

缺口也经常被称为"跳空"，而且这个叫法似乎更贴近这种形态。因为跳空背景的出现，往往是因为股价突然高开高收或者低开低收形成，就像跳远一样，铆足了劲儿从起跳点一下子向上向远跳起，经过一段距离的空中运行，然后到达落脚点。

如果这个缺口出现后，经过一段时间的波动，跳空当日的最低价低于某个交易日的最高价，或者跳空当日的最高价高于某个交易日的最低价，则表示这个缺口被封闭了。这也叫"回补"或者是"补空"。如图6-4所示。

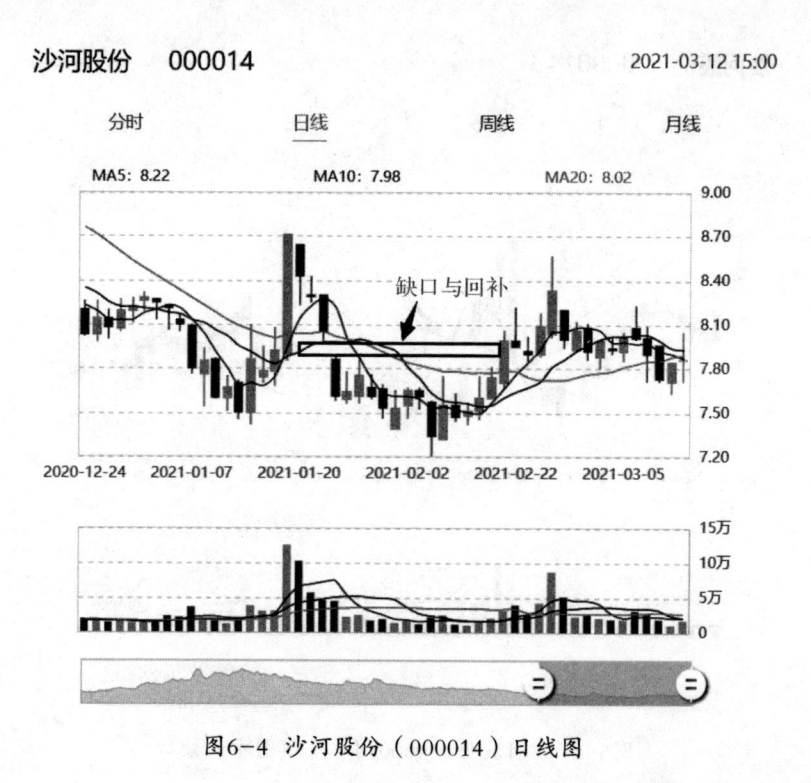

沙河股份　000014　　　　　　　　　　2021-03-12 15:00

图6-4　沙河股份（000014）日线图

在沙河股份（000014）从2020年12月14日至2021年3月12日的趋势图中，该股于2021年1月22日和2021年1月25日之间形成了一个较大幅度的向下跳空，之后延续了一段时间的下跌趋势触底后形成反弹，直到2021年2月19日收出一条大阳线，才将这个缺口回补，即缺口的最低价（7.99元）低于2021年2月19日的最高价（8.06元）。

日线图中的跳空形态我们基本已经了解，那么周线图和月线图中的跳空又是怎样的呢？其实，周线图或者月线图中的缺口与日线图中的缺口特征基本一致。日线图中的缺口是以前后两天的最高价和最低价进行比较，从而确立；而周线图或者月线图中的缺口是以前后两周或者前后两个月的最高价和最低价进行比较，进而确立。如图6-5、图6-6所示。

图6-5 全新好（000007）周线图

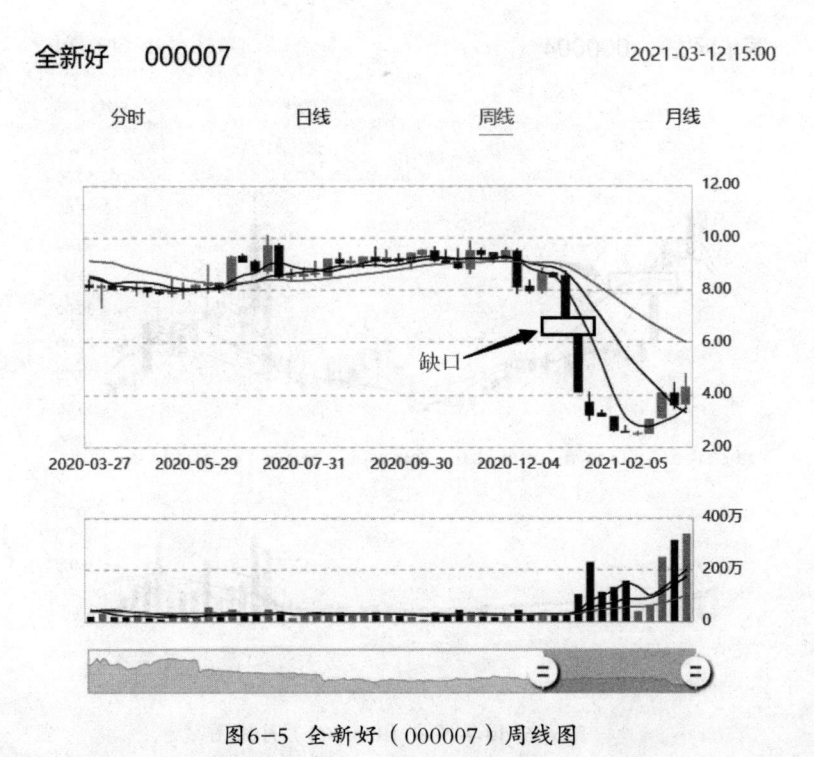

图6-5是全新好（000007）自2020年3月27日至2021年3月12日的周线趋势图。从图中可以看出，全新好（000007）于2020年12月的最后一周以最低价6.97元收盘后出现了一根大阴线，无疑让卖方信心倍增，也预示着卖方将加大抛压力度。于是，我们可以看到在2021年1月的第一周，该股创出新低，再次收出了一根大阴线，而且最高价（6.27元）远远低于2020年12月最后一周的最低价，所以便形成了一个向下较大幅度的跳空。

图6-6 国华网安（000004）月线图

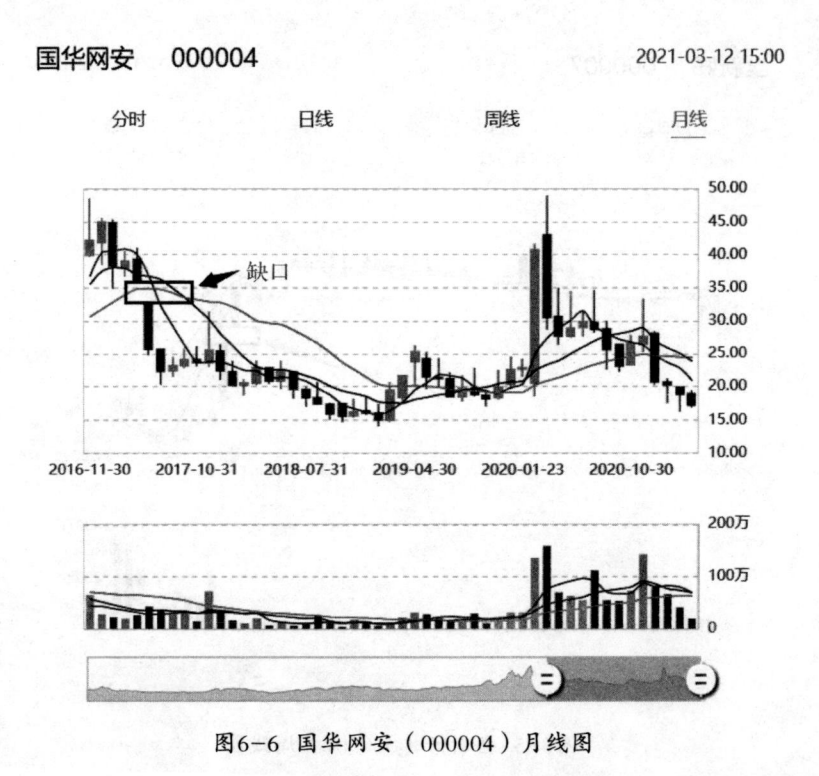

图6-6为国华网安（000004）从2016年11月至2020年10月的趋势图。由上图可知，该股于2017年3月收出了一根最低价为35.80元的中阴线，于2017年6月却以远远高于2017年3月最低价的价格（32.40元）开盘，并收盘于25.65元，形成了一根大阴线。显然，由于国华网安（000004）在2017年3月末出现了恐慌性下跌，导致2017年6月低开低收，所以在此期间形成了价格差为10.15元的缺口。

简单而言，一旦某只个股的上升或者下跌趋势途中出现缺口，除特殊性缺口外，往往会意味着将继续之前的趋势轨道运行。这与其所反映的市场心理息息相关，由于买方或者卖方在上涨或者下跌趋势中，对于接下来的市场行情更加看好，于是加大力度买入或者抛压，而在用力过猛的情况下，便会导致股价出现高开高收，或者低开低收现象。

通过对缺口的研判，有利于投资者对行情大势中利空、利好信号的捕获。因其直观、方便、简单的特性，已经成为交易过程中的一个重要的测试手段。

甚至有些投资者结合缺口的技术特征，整理出了一些名言警句，如"三跳空，气数尽"，意为在上涨或者下跌趋势中，一旦出现三连跳，便说明买方或者卖方由于之前用力过猛，趋势运行即将到达高位或者低位。如图6-7所示。

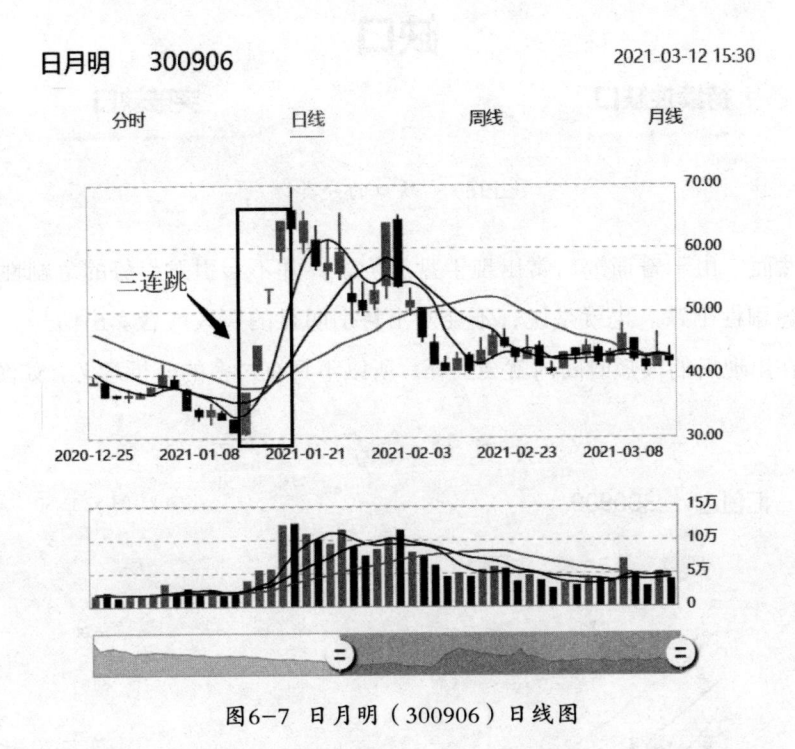

图6-7 日月明（300906）日线图

毋庸置疑，缺口对于投资者的指导意义来说是巨大的，但也不要将其想象得过于神秘，放平心态，冷静分析每一次跳空后的市场行情即可。

三种重要缺口

缺口作为最有力的研判各种趋势的技术手段，依据其出现的不同位置，也可以分为普通缺口、突破缺口、持续性缺口与消耗性缺口四种。如图6-7所示。

```
消耗性缺口              普通缺口

            缺口

持续性缺口              突破缺口
```

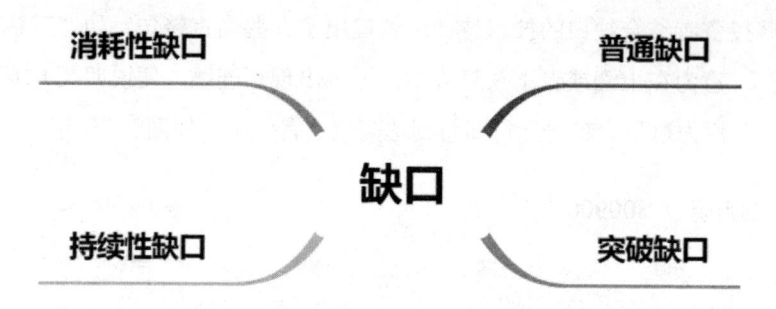

图6-8 缺口的分类

然而，由于普通缺口常出现于盘整阶段，并不会引发趋势的急剧性上涨或者急剧性下跌。也就是说，不会发出特别明显的买入或者卖出信号，而且一般在出现后的很短时间内就会回补，所以不具有过多的分析意义。如图6-9所示。

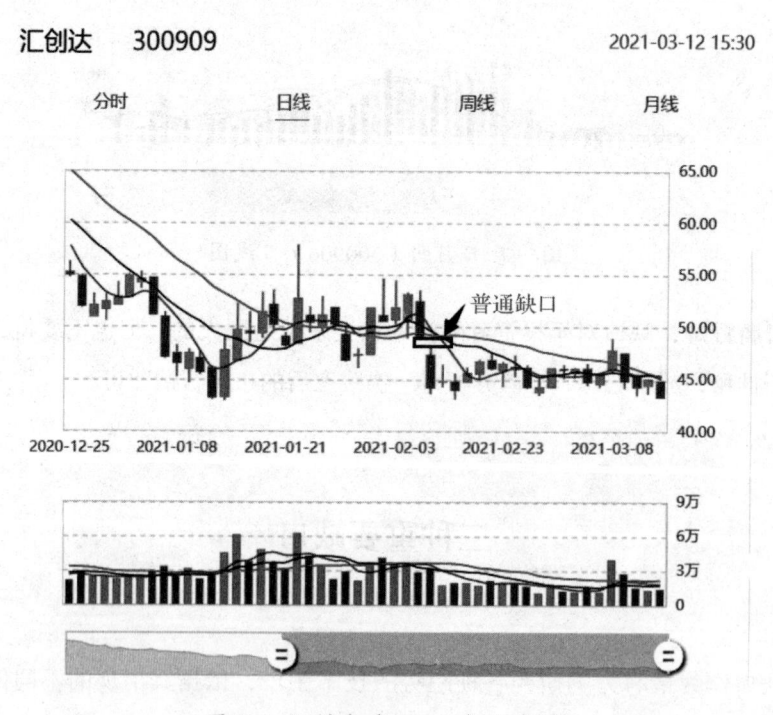

图6-9 汇创达（300909）日线图

接下来，我们主要以突破缺口、持续性缺口、消耗性缺口展开分析。

1. 突破缺口。

突破缺口主要发生在持续一段时间的盘整震荡期的末端，并以一个较大的跳空脱离盘整区间的最高点或者最低点。

同时，突破缺口也可以分为向上突破和向下突破。向上突破是因为在盘整期，买方的力量得到了积聚，处于厚积薄发的状态，市场却是供不应求的局面；买方不得不蓄势待发，甚至不惜以高价入市。

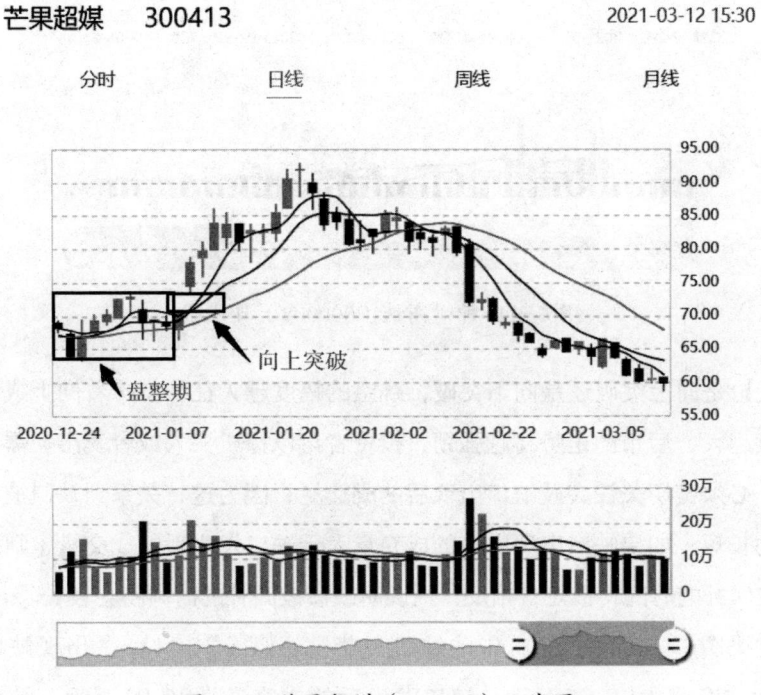

图6-10 芒果超媒（300413）日线图

向下突破则是因为在盘整期，卖方向市场投入了很大的货源量，导致市场处于供过于求的局面，买方已经饱和，购买能力大大降低，迫使卖方不得不以更低的价格抛出橄榄枝。如图6-10、图6-11所示。

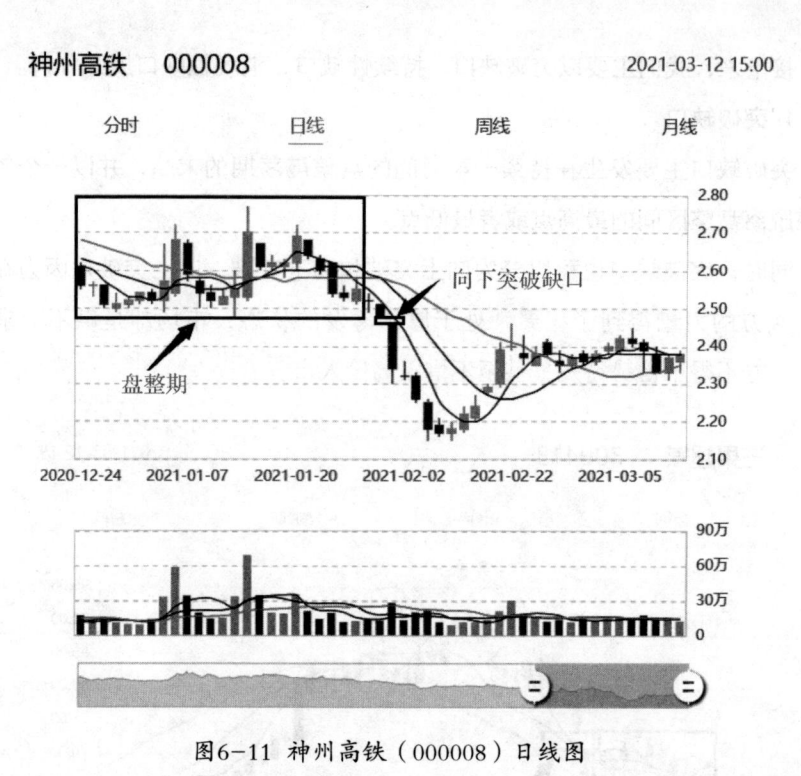

图6-11 神州高铁（000008）日线图

无论是向上突破还是向下突破，跳空的幅度越大往往意味着向上或者向下的强度越大，后市的走势将越强劲，投资者可以择机买入或者卖出。需要注意的是，必须密切关注突破缺口出现后的成交量，因为这将关系到缺口被回补的时间的长短。如果缺口出现之前的成交量大于缺口发生后的成交量，则意味着缺口被回补的时间将很短；相反，则说明缺口被回补的时间将会较长。

对比图6-10和图6-11中的缺口，芒果超媒（300413）出现缺口之前的最大成交量为20.65万手，缺口发生后的成交量为20.91万手；神州高铁（000008）出现缺口之前的成交量为68.76万手，缺口发生后的成交量为28.17万手。由此可见，芒果超媒（300413）的缺口回补时间要长于神州高铁（000008）的缺口回补时间。

2. 持续性缺口。

持续性缺口相对普通缺口和突破缺口出现的概率要小很多。持续性缺口由于通常发生在上涨或者下跌趋势的中途，具有维持原有趋势轨道不被改变的作用，所以也叫"中继性缺口"。如图6-12所示。

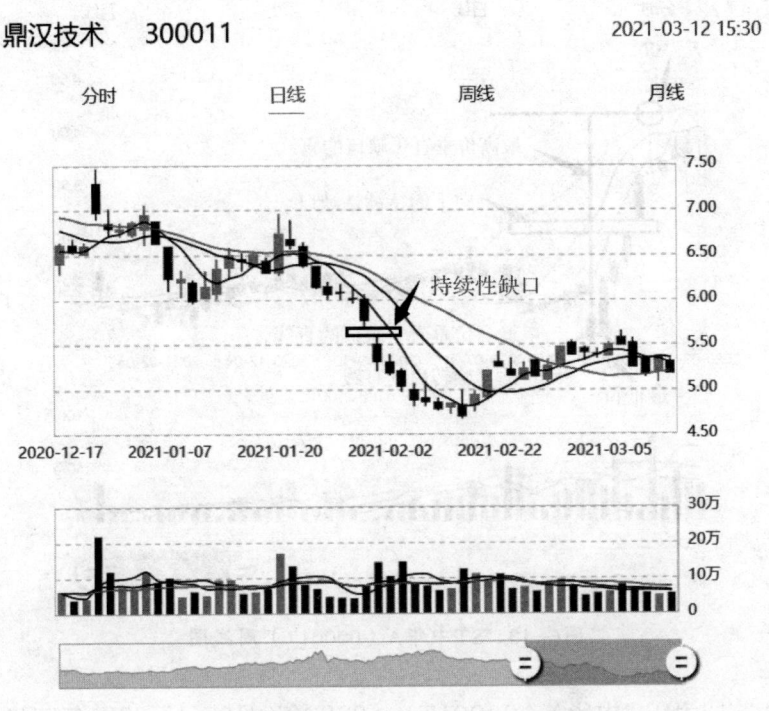

图6-12 鼎汉技术（300011）日线图

同时，也因为持续性缺口可以对股价的涨幅进行测算，经常被称为"度量性缺口"。这也是持续性缺口的一大特征。如果我们以盘整期的最低价或者最高价为起点，画一条垂直于缺口的直线，然后将这条直线向上或者向下垂直反转，直线的顶端或者底端便是股价波动的最高价或者最低价，也是趋势反转的起点。如图6-13所示。

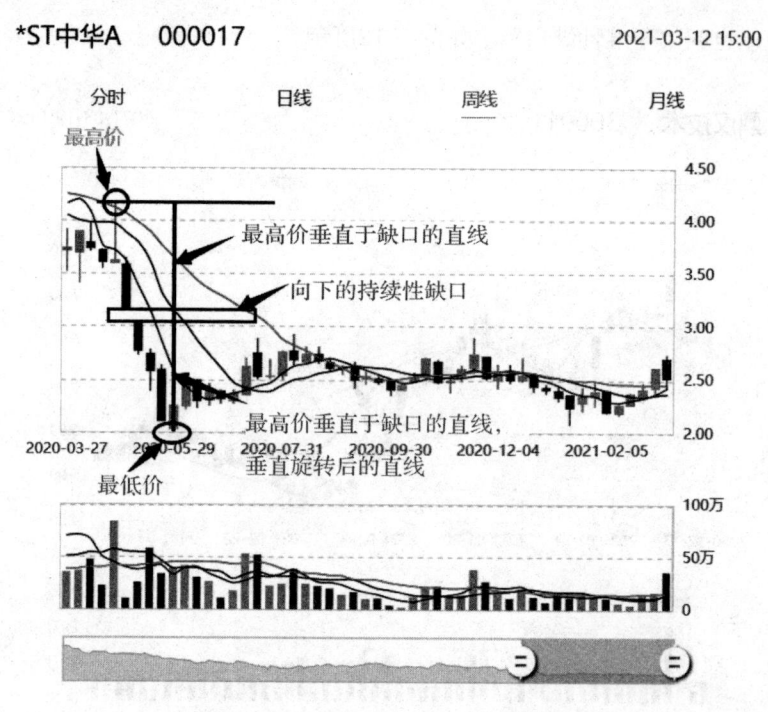

图6-13 *ST中华A（000017）周线图

图6-13为*ST中华A（000017）从2020年3月27日至2021年3月12日的周线趋势图。该股于2020年4月的最后一周收出一根大阴线，随后向下低开跳空，于2020年5月的第一周收出一根中阴线，形成持续性缺口，下跌趋势持续向下。我们可以从图中得知，该股在出现持续性缺口之前的最高价是2020年4月的第四周，为4.17元，并以此为起点向右画一条水平直线，再从这条直线开始画一条垂直于缺口的直线。那么，我们垂直翻转这条直线，会不会得到该股下跌的最低价呢？出现缺口时的最高价是3.18元，最低价是3.02元，出现缺口之前的最高价垂直于缺口所得到的价格区间应该是1.07元；而从图中我们可以看到该股下跌后的最低价是2.00元，从缺口垂直于这个最低价的价格区间是1.10元，与1.07元仅差0.03元，已经非常接近。这足以说明持续性缺口度量涨跌幅的作用是有效的。

通过这种度量测算，投资者完全可以提前做好准备，在预测的最高价或者最低价左右及时买入或者卖出，最大化获利套现。

3. 消耗性缺口。

如果在一段行情趋势的末端出现了一个缺口，而且当缺口形成后，成交量明显增加，说明买方或者卖方的力量即将消耗殆尽，在做最后一搏。虽然后市行情会继续之前的向上或者向下，但很快会形成整理或者反转形态，这种缺口就是消耗性缺口，也叫"衰竭缺口"。如图6-14所示。

图6-14是海王生物（000078）自2020年12月24日至2021年3月12日的日线趋势图。该股于2021年2月1日低开低收出现一根中阴线后，形成了一个跳空幅度巨大的缺口，但是当日的成交量（23.05万手）也相比前一日的成交量（15.41万手）增加了7.64万手，说明这是一个消耗性缺口，所以该股于缺口出现的第二日便收出了一根阳线，随后反弹上涨。

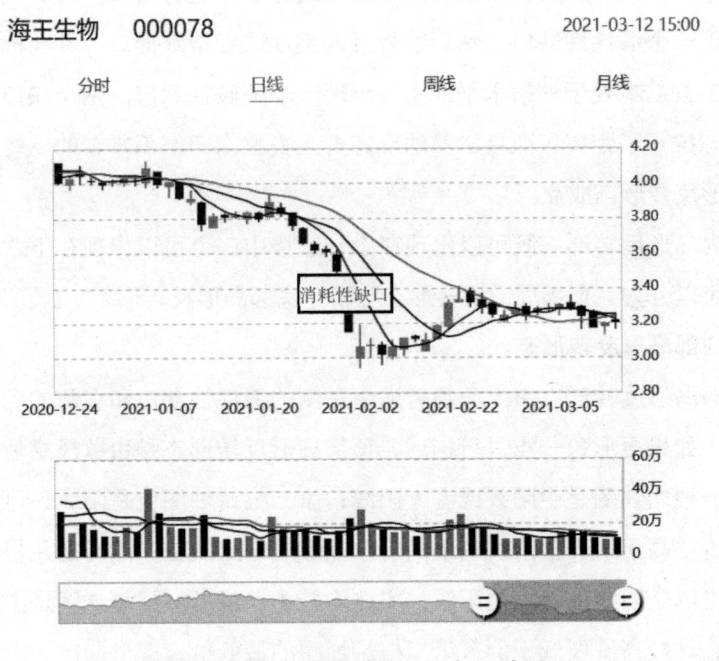

图6-14 海王生物（000078）日线图

对于投资者来说，如果消耗性缺口出现在上涨趋势的末端，一旦判定缺口形成，便可在缺口的最高价卖出；如果消耗性缺口出现在下跌趋势的末端，只要缺口被确立，即可在缺口的最低价买入。

岛形反转

在缺口理论中，存在着一个潜在的逻辑，即依据缺口回补的时间长短来判定其带来的影响和作用。如果缺口短时间内被回补，意味着趋势可能很快会出现整理或者反转形态；如果缺口长时间没有被回补，则说明行情趋势得以持续。

其实，缺口理论中，还存在着一种特殊的反转形态，一旦出现，便会促使走势走向相反方向，比上述的潜在逻辑发生反转的概率更大。它就是岛形反转形态，即由两个缺口组合形成的一种形态，更是强烈的反转信号。

具体而言，岛形反转形态发生在上涨或者下跌趋势持续一段时间后。一般会先出现一个消耗性缺口，然后趋势进入整理或者下跌形态，并与消耗性缺口出现的位置基本处于一条水平线上时出现一个突破性缺口。两个缺口与之前的趋势形态拉开了距离，而且之前的形态看上去就像一座孤零零的岛屿，便可以判定岛形反转形态成立。

因为岛形反转形态既可以出现在上升趋势中，也可以出现在下跌趋势中，所以又可以分为"顶部岛形反转形态"和"底部岛形反转形态"。

1. 顶部岛形反转形态。

顶部岛形反转形态由上涨趋势途中左侧的消耗性缺口和右侧的向下突破缺口组成。如果更形象一点进行描述，顶部岛形反转形态是由数根蜡烛图组合而成，第一根蜡烛图是中阳线或者大阳线；第二根蜡烛图也是阳线，可大可小，但最低价要高于第一根阳线的最高价，即形成向上跳空；然后是几根混杂的蜡烛图，可以是阴线也可以是阳线，实体均较小；最后一根蜡烛图是中阴线或者大阴线，其最高价要低于倒数第二根蜡烛图的最低价，即形成向下跳空；而且第一根阳线的最高价与最后一根阴线的最高价应该大致相等，第二根阳线的最低价与倒数第二根蜡烛图的最低价也应该大致相等。如图6-15所示。

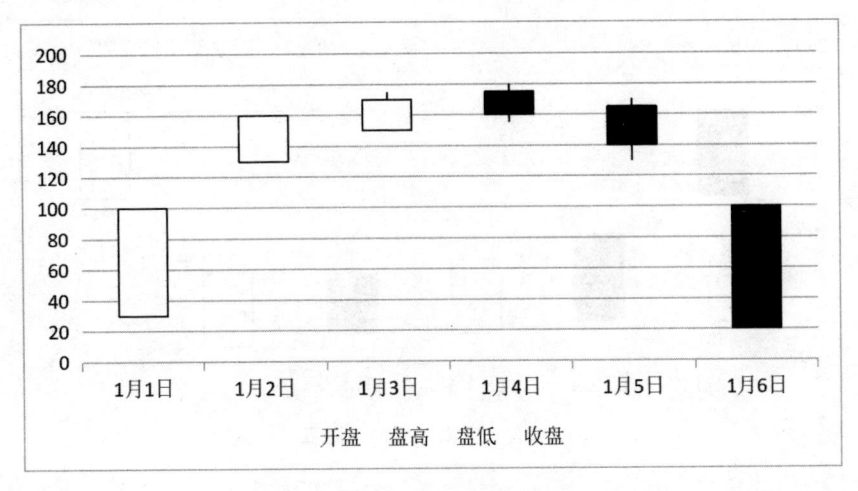

图6-15 顶部岛形反转形态

顶部岛形反转形态出现后，意味着卖方已经从买方手中夺取了控制权，是一种强烈的看跌信号，应清仓离市。但是，应该如何把握抛售的时机呢？一般来说，在第一次出现消耗性缺口时，也就是第二根阳线出现后，可于最高价时卖出；如果这时没有逃离，那么在第二次向下突破缺口形成后，也就是最后一根阴线出现后，可于最高价时出货。

2. 底部岛形反转形态。

与顶部岛形反转形态恰好相反，底部岛形反转形态是由下跌趋势中左侧的消耗性缺口和右侧的向上突破缺口组合而成，第一根蜡烛图是中阴线或者大阴线；第二根蜡烛图是阴线，实体可大可小，但其最高价应低于第一根阴线的最低价；然后是几根混杂的蜡烛图，可以是小阴线也可以是小阳线；最后一根蜡烛图是中阳线或者大阳线，其最低价应该高于倒数第二根蜡烛图的最高价，而且第一根阴线的最低价与最后一根阳线的最低价应该大致相等，第二根阳线的最高价与倒数第二根蜡烛图的最高价也应该大致相等。如图6-16所示。

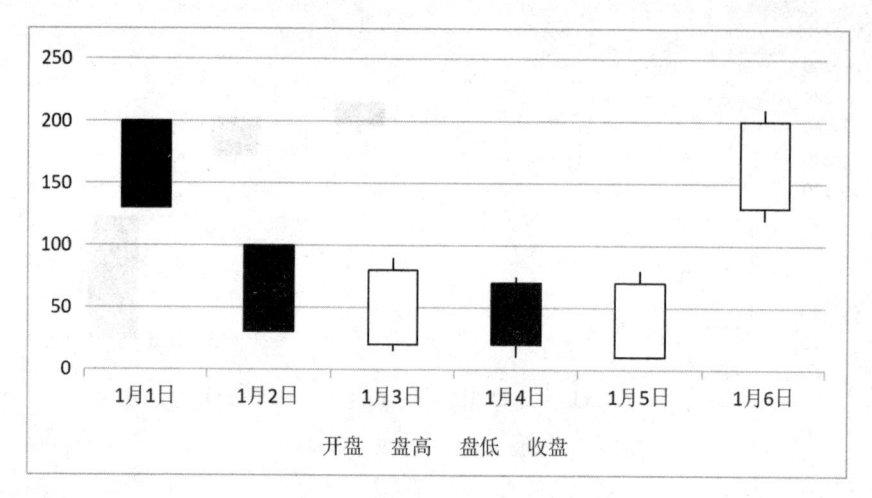

图6-16 底部岛形反转形态

对于投资者而言，研判底部岛形反转形态的交易方式，其实与顶部岛形反转形态的交易方式基本相似：如果在第一次消耗性缺口出现时没有及时买进，则在第二次向上突破缺口出现时，就是最后的绝佳时机了，不可再次错过。

第七章

综合研判

第七章

綜合治療

在蜡烛图构成的市场趋势中，总会出现反反复复的"上行-下行-再上行-再下行"，或者"上行-下行-横盘-再上行-再横盘-再下行"的趋势波动。对于一些趋势走向背后的形成原因、市场心理等，我们在上面的内容中通过一些蜡烛图的组合形态已经进行了解读。

然而，股市的高深莫测绝不会仅靠几根蜡烛图就能够了解透彻，所以我们还需要将蜡烛图与其他的技术指标相结合，互相参照，综合研判，进行更为深入的探索，从而找到更有利于自己的、适合自己的交易方法和技巧。如图7-1所示。

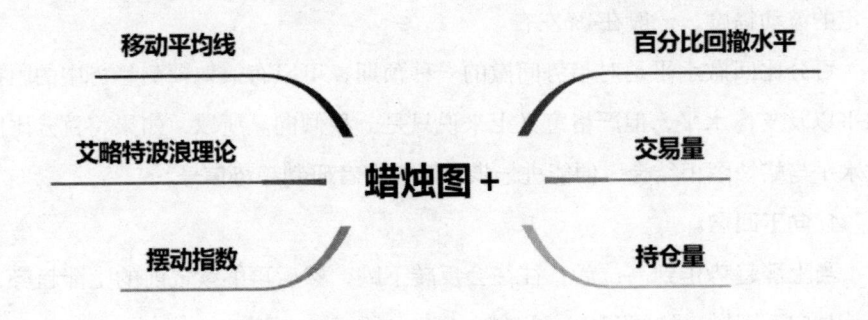

图7-1　与蜡烛图相结合的技术指标

蜡烛图 + 百分比回撤水平

如果将股市中的趋势行情比作一个行走中的人,那么当这个人往前走了一段路程遇到障碍物或者是死胡同时,往往会折回寻找一个新的出口,然后继续朝着之前的方向行进。

在这个过程中,折回的路程就是回撤。这是因为股市趋势不会一直上涨,也不会一直下跌。当上涨趋势达到一定的高位,必然会向下运行;同理,当下跌趋势达到一定低位,也必然会向上运行。也就是说,趋势的回撤可以分为两种:一种是向下回撤,一种是向上回撤。而且,向下回撤的程度往往是之前上涨趋势的一定比例,向上回撤的程度通常是之前下跌趋势的一定比例,甚至可以用具体的数字来体现,也就是我们经常所说的百分比回撤水平。

百分比回撤水平在实际应用中,二分之一(50%)回撤水平,三分之一(33%)回撤水平,三分之二(66%)回撤水平是大家较为熟悉的,而应用最多的则是50%回撤水平。当然,这些百分比只是一个大体的数据,实际中会有一定的波动幅度,一般在4%左右。

百分比回撤水平是对趋势回撤的一种预期,可以有效地预测趋势中的阻挡水平以及支撑水平,但严格意义上来说只是一种倾向。所以,如果将百分比回撤水平与蜡烛图相结合,便能进一步帮助投资者研判趋势信号。

1. 向下回撤。

当上涨趋势走到高位后,往往会反转下跌,然后再继续之前的上涨趋势,这就是向下回撤。如图7-2、图7-3、图7-4所示。

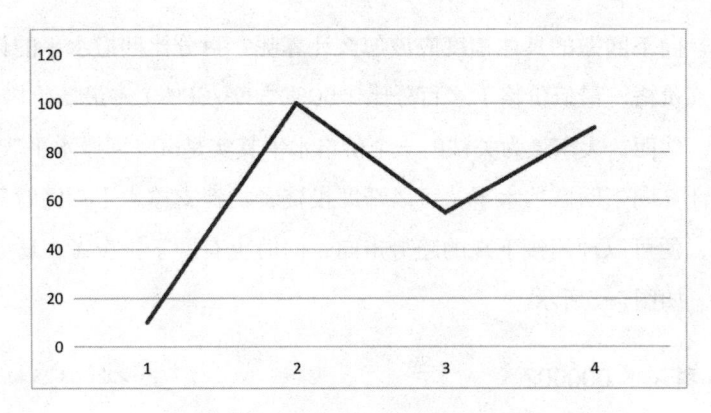

图7-2 50%向下回撤水平示例图

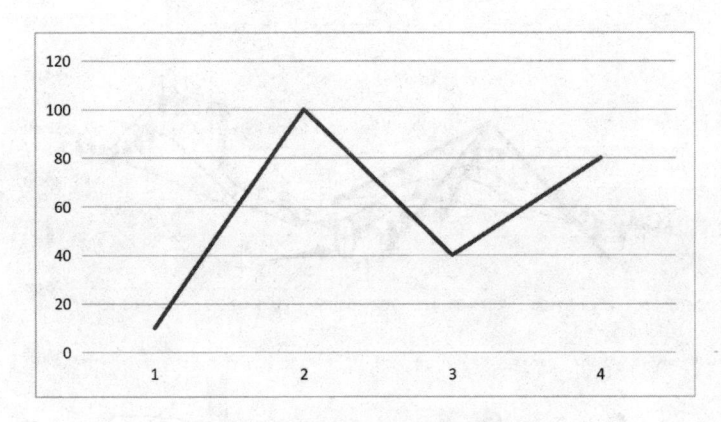

图7-3 33%向下回撤水平示例图

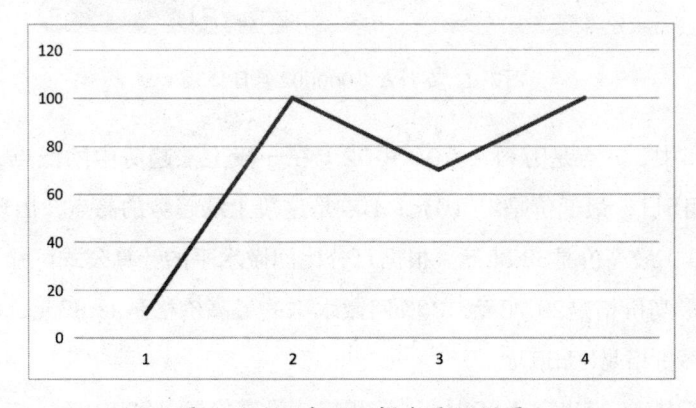

图7-4 66%向下回撤水平示例图

那么，向下回撤的具体幅度应该怎么计算呢？百分比回撤水平的计算公式为：（最高价格－最低价格）×百分比（50%/33%/66%）+最低价格=百分比回撤水平。然而，大家最为关注的一个价格水平其实是50%回撤水平。

通过计算向下回撤的水平，可以帮助投资者找到支撑水平，同时再结合蜡烛图形态，便可以预测接下来的趋势走向，同时也有助于投资者在适当的价位及时买入。如图7-5所示。

图7-5 万科A（000002）日线图

图7-5中，A点是万科A（000002）在一段上涨趋势中的低点，出现在2021年1月5日，最低价是27.10元；B点是这段上涨趋势的高点，出现在2021年1月19日，最高价是32.35元。根据百分比回撤水平的计算公式可知，50%回撤水平的最高价格是29.73元，33%回撤水平的最高价格是28.85元，66%回撤水平的最高价格是30.60元。

图7-5中，C点出现于2021年1月25日，最高价格是29.60元，与50%回撤

水平的最高价格29.73元相比仅差0.13元，可以看作是50%回撤水平的最高价格，即这段上涨趋势回撤的支撑水平。但是，我们从图中的蜡烛图形态可以看到，2021年1月25日出现的是一根小阳线，而且随后的两根蜡烛图马上组合形成了乌云盖顶形态，预示着趋势马上要反转，所以50%回撤水平并不是这段上涨趋势的真实回撤水平。

然后，我们可以对比图7-5中的E点和D点。E点出现于2021年2月1日，最高价格是28.12元；D点出现于2021年2月5日，最高价格是29.34元。E点的最高价格与33%回撤水平的最高价格相差0.73元，与66%回撤水平的最高价格相差2.52元，与50%回撤水平的最高价格相差1.61元；D点的最高价格与33%回撤水平的最高价格相差0.49元，与66%回撤水平的最高价格相差1.26元，与50%回撤水平的最高价格相差0.39元。由此可见，D点的最高价格与50%回撤水平的最高价格最相近。也就是说，50%回撤水平的最高价格是这段上涨趋势的支撑水平。

同时，我们也可以看到D点的前一日出现了一根十字星线形态，而且收盘价（27.89元）远低于D点的收盘价（28.88元），预示着见底反转，所以投资者此时买入是最佳时机。

2. 向上回撤。

出现在一段下跌趋势行情中的回撤就是向上回撤。如图7-6、图7-7、图7-8所示。

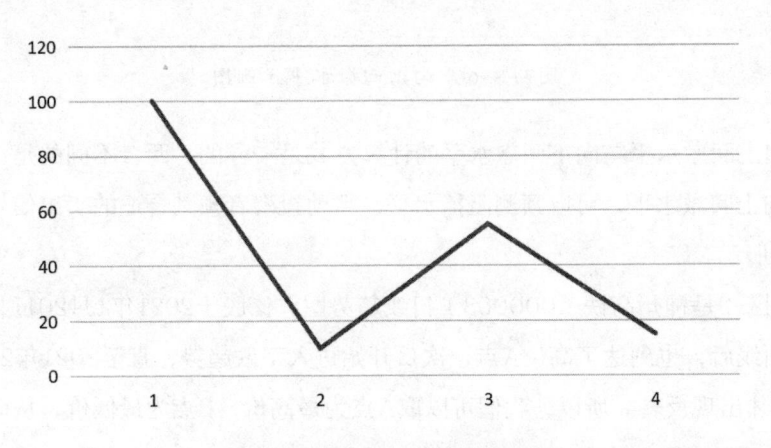

图7-6　50%向上回撤水平示例图

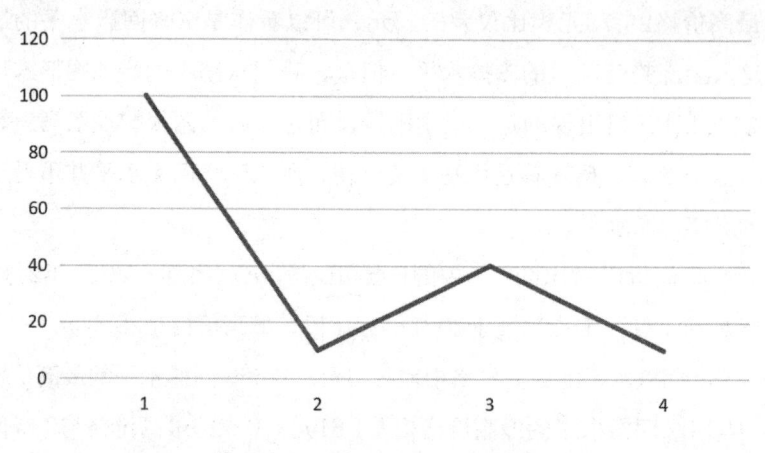

图7-7 33%向上回撤水平示例图

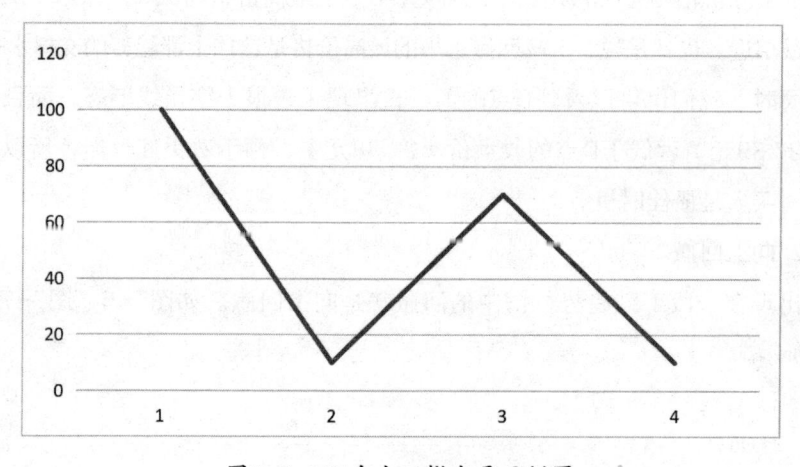

图7-8 66%向上回撤水平示例图

向上回撤水平与向下回撤水平的计算方式是一样的。两者不同的是，通过计算向上回撤水平，可以预测阻挡水平，帮助投资者预判合适的卖出信号。如图7-9所示。

图7-9是神州高铁（000008）日线趋势图。该股于2021年1月20日收出一根中阳线后，也到达了高位A点，次日开始进入下跌趋势，直至2021年2月5日的B点才出现反转。所以，我们可以取A点为最高价，B点为最低价，从而进行百分比回撤水平的计算。

通过计算结果的最终对比，该股于2021年2月22日收出的十字线（C点）的最高价格（2.46元）与50%回撤水平的最高价格（2.44元）最为相近，所以50%回撤水平的最高价格便是该股回撤的阻挡水平。同时，我们更应该注意到，50%回撤水平的位置是一根高位十字线，预示着价格已经见顶，是最佳的卖出时机。而且，从该股后市行情中我们也可以看到，一直处于横盘阶段，如果投资者在十字线的最高价不出手，将在很长一段时间内找不到最合适的抛售机会。

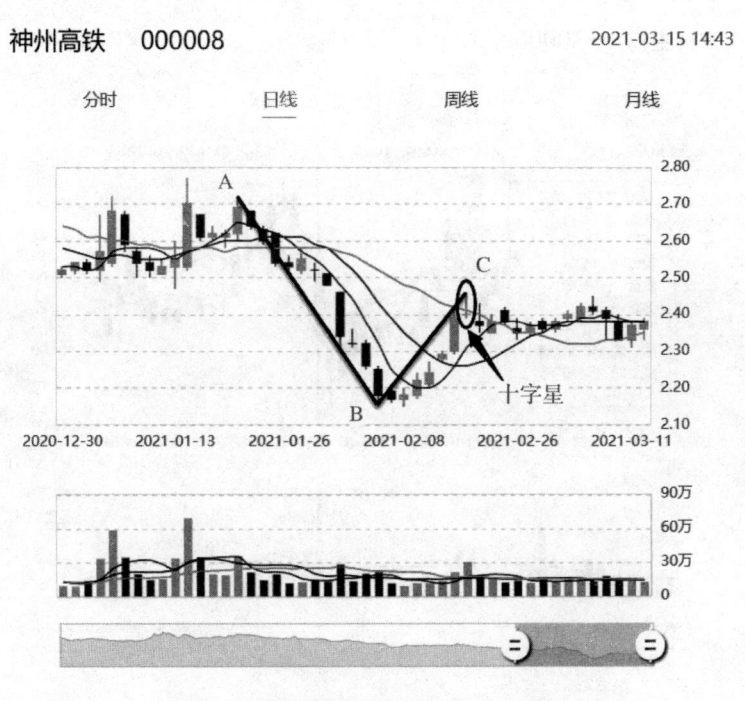

图7-9 神州高铁（000008）日线图

蜡烛图 + 交易量

在了解交易量之前，我们必须通过交易量与成交量的对比才能有一个更清晰的认知。

通俗点说，成交量是指已经成交的数量，也就是买方已经从卖方那里购买的股票，是在买卖双方自愿平等的基础上已经完成的交易。如图7-10所示。

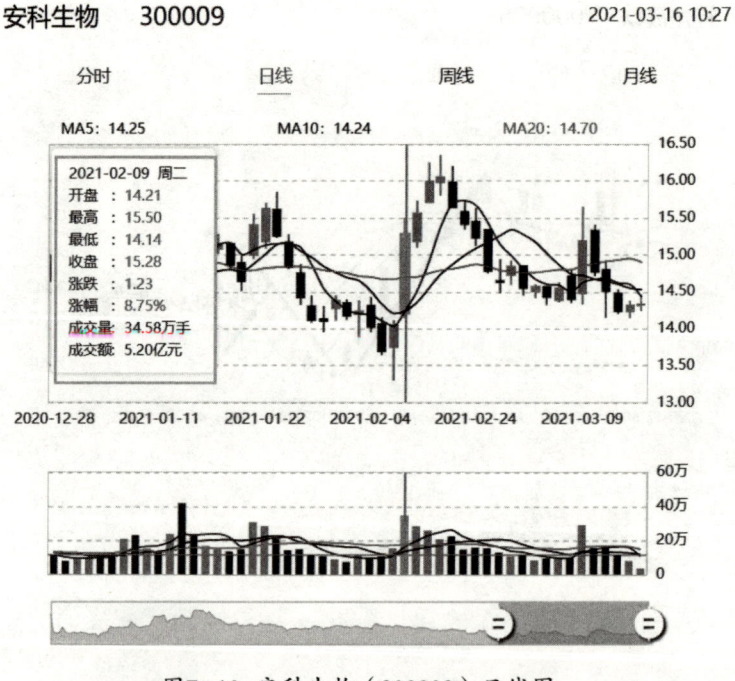

图7-10 安科生物（300009）日线图

图7-10为安科生物（300009）日线趋势图。从图中所标注的数据可以看出，安科生物（300009）在2021年2月9日的成交量是34.58万手。也就是说，买方成功从卖方手里买到了34.58万手。

那么，什么是交易量呢？同样以安科生物（300009）在2021年2月9日的交易结果来看，买方买进了34.58万手，同时卖方卖出了34.58万手。在计算时成交量是34.58万手。但如果计算交易量,则需要双边计算,买方34.58万手加卖方34.58万手,所以交易量应计为69.16万手。因此,成交量与交易量是有区别的,交易量通常是成交量的两倍。

从价格层面来说,成交量是对于价格形态的一种体现,或者说是对于价格的从属、认可。如果没有成交量,那么价格就失去了载体。而交易量是在价格确认之前,也就是说价格可能会随交易量的大小而发生变化,与整体市场的运动趋势保持一致。

其实,这也是交易量真正的技术特征。例如,交易量在一段市场行情中越轻,往往意味着这段行情背后的市场力量越小。如果将交易量作为一种技术指标来研判市场趋势,只要交易量一直处于增长态势,那么价格趋势将持续原有轨迹不变;如果交易量在趋势已经走到低位后或者是下探到一个支撑水平后开始升高,则说明买方的力量在增强;相反,如果交易量在趋势已经走到高位后或者是上探到一个阻挡水平后开始降低,则说明卖方的力量在增强。如图7-11所示。

在旗天科技(300061)的日线趋势图(图7-11)中,我们圈住了四根蜡烛图,是旗天科技(300061)自2021年2月10日至2021年2月22日的市场趋势走向,自第一根蜡烛图开始,随后每日的交易量都是递增态势,所以,我们可以看到市场趋势也是持续上涨。

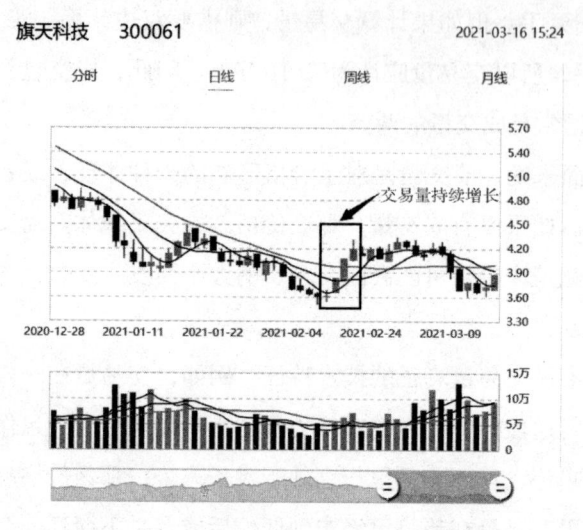

图7-11 旗天科技（300061）日线图

如果在使用交易量进行市场研判的时候，蜡烛图也同时出现了同样的预示上涨或者下跌的形态，那么就能更加确定趋势的走向，以及应该采用何种交易方式。这也就是将蜡烛图与交易量结合起来的真正原因，即进一步确认市场信号。如图7-12所示。

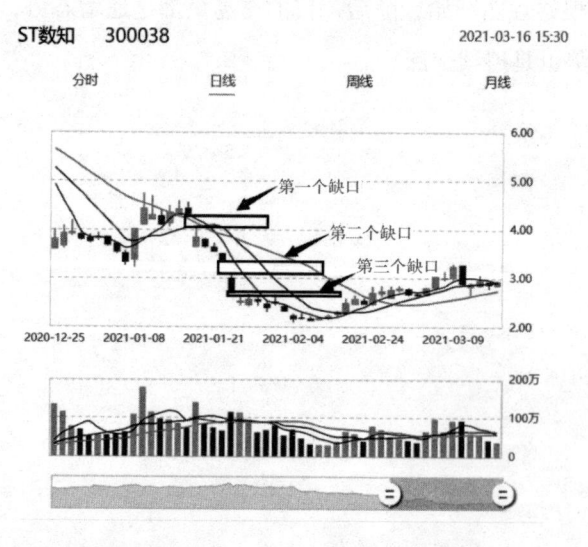

图7-12 ST数知（300038）日线图

首先我们在ST数知（300038）的日线趋势图（图7-12）中明显的下跌趋势里找到了位于中途的四个交易日进行交易量的对比，从2021年1月26日至2021年1月29日。2021年1月26日的交易量为230.54万手，2021年1月27日的交易量是225.94万手，2021年1月28日的交易量为176.84万手，2021年1月29日的交易量是124.96万手，交易量呈现逐渐减小的态势；而按照交易量的技术特征，ST数知（300038）将延续下降趋势。同时，我们也可以看到，ST数知（300038）在2021年1月18日曾大幅度向下跳空，形成了第一个缺口，而且分别于2021年1月22日和2021年1月26日再次向下跳空，分别形成了第二个缺口和第三个缺口，至此也就出现了蜡烛图形态中非常可怕的"三连跳"，预示着趋势即将触底。反观ST数知（300038）接下来的价格趋势，果真于2021年2月4日出现了2.10元的最低价。也就是说，通过对交易量和蜡烛图相结合进行综合研判，我们可以肯定ST数知（300038）的这段下降趋势将持续到见底方可终止。

对于投资者来说，如果错过了"三连跳"的最佳卖出时机，还可以在交易量出现持续缩小的时候，抓住机会尽快抛售，否则将损失严重。

可以说，蜡烛图结合交易量，能够很好地来验证市场的顶部或者底部，及时捕获看涨信号或者看跌信号。

蜡烛图＋持仓量

持仓量是应用于期货市场中的一种主要指标，是指当天交易完成（买入或者卖出）后，已流通的或在未了结平仓前的头寸（合约）的总数。

通常，持仓量也叫"订货量""空盘量"或"未平仓合约量"。这里所说的合约就是投资者真正交易的载体，所以必须由买卖双方组成。换句话说，一张期货合约，必须同时具有卖家和买家，而且买卖双方必须是100%相等的，必须由双方合起来才能创造一张合约。所以，在我国期货交易市场中，持仓量一般都是偶数，即计算的是截至当日收盘买卖双方未平仓合约的总和。

例如，某期货品种以基准价200元挂牌交易，同时市场上有200手卖单，出价也是200元，但只有33手买单，而且出价与挂牌交易的基准价格一致，那么这33手买单会全部成交，所以市场上的持仓量就是66手。

然而，在我国的金融期货交易中，以及国外期货交易市场中，通常采用的是单边总和，因此持仓量既有单数也有偶数。如图7-13所示。

多空头持仓排行

沪深300　上证50　中证500

合约：IF2103　日期：2021-02-01

IF2103多单持仓排行				IF2103空单持仓排行			
名称	会员简称	持仓量	增减	名称	会员简称	持仓量	增减
1	一德期货	12189	-16	1	中信期货	14218	+115
2	国泰君安	11272	+397	2	上海东证	13550	-59
3	中信期货	7175	+1061	3	国泰君安	6598	+75
4	海通期货	4270	+110	4	华泰期货	6184	+160
5	广发期货	3455	+57	5	中金期货	4085	-42
0	银河期货	3282	+410	6	海通期货	3163	+94
7	上海东证	2712	-81	7	中信建投	2865	-29
8	申银万国	2352	-62	8	银河期货	2860	+154
9	华泰期货	2145	-324	9	建信期货	2786	+11
10	中粮期货	1950	-95	10	中粮期货	2515	-1

图7-13　沪深300指数期货多空头持仓排行

图7-13是沪深300指数期货于2021年2月1日的买卖双方持仓排行，由于沪深300指数期货属于金融期货，应用的是单边总和，所以我们可以看到买卖双方的持仓量是奇数和偶数都有。

其实，无论持仓量是奇数还是偶数，只要出现增多或者减少的变化，就可以为投资者带来重要的市场信号，尤其是结合蜡烛图，可以通过持仓量的增减进一步印证市场走势。

因为持仓量的变化可以反映市场上买卖双方的力量变化，所以当上升趋势中的持仓量变大时，往往意味着市场趋势将持续原有上涨轨迹；当持仓量在上升趋势中减少时，则预示市场行情遇到了阻挡水平，可能会出现下跌；当下跌趋势中的持仓量减少时，说明卖方的力量在减弱，买方的力量在增强，市场行情遇到了支撑水平，后续应该是看涨的；当持仓量在下跌趋势中增加时，表明卖方一直在打压买方，趋势将继续向下。

需要注意的是，如果持仓量在大幅度上涨趋势或者大幅度下跌趋势的末端开始减少，通常是一种反转信号。

蜡烛图+摆动指数

一根一根的蜡烛图可以将市场的价格走向体现出来，尤其是在价格的上涨趋势和下跌趋势中。通过蜡烛图不同的组合形态，能够对趋势发出的信号及时捕获，进而选择合适的交易方式。

然而，当市场处于无趋势阶段，也就是价格的波动范围不会超过一定的价格区间时，一根一根的蜡烛图似乎就失去了"魔力"。如图7-14所示。

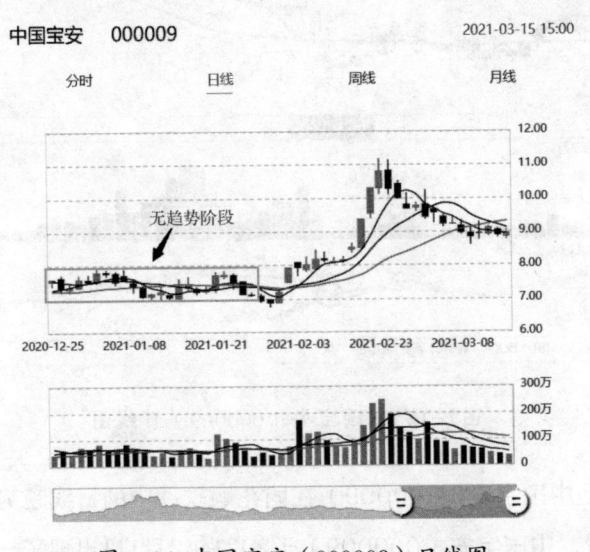

图7-14 中国宝安（000009）日线图

图7-14是中国宝安（000009）日线趋势图。从图中可以看出，该股从2020年12月25日至2021年1月27日一直在7.00~8.00元之间徘徊，而且其中的蜡烛图基本都是小阴阳线，很难收出一些组合形态，也就无法判断在这种无趋势阶段究竟应该如何交易。

那么，是不是就意味着无趋势阶段没有交易信号，只能坐等波动幅度较大的趋势出现呢？答案是否定的。

其实，只要将蜡烛图趋势与摆动指数结合应用，也能从中找到隐藏的交易信号。而且，摆动指数就是特别针对这种无趋势阶段研判获利信号的，摆动指数的随机指标（KDJ），能够比较迅速、快捷、直观地研判行情。如图7-15所示。

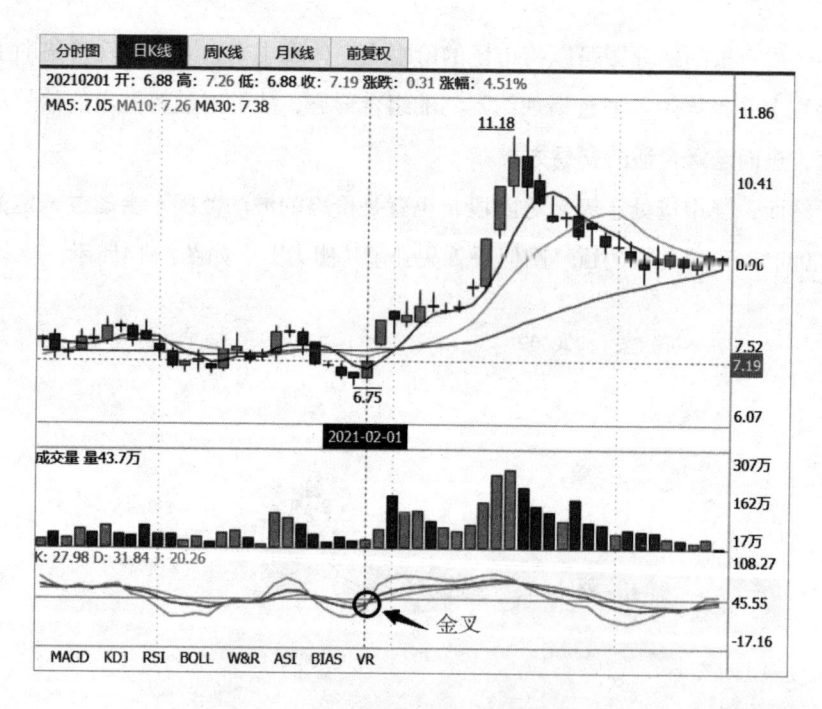

图7-15 中国宝安（000009）日线图

图7-15是中国宝安（000009）在同花顺软件中的日线趋势图。从图中所圈的位置来看，中国宝安（000009）于2021年2月1日出现了一根小阳线，处

于下跌趋势的一个低位，而且从KDJ指标来看，K线在图中与D线形成了交叉，同时是由下向上实现了突破，出现了KDJ指标中的"金叉"，是一种较强烈的买入信号。

与此同时，我们结合蜡烛图的形态进行观察验证，中国宝安（000009）于2021年2月1日出现了一根小阳线后，随即向上跳空，形成了一个向上突破缺口，预示着上涨趋势将持续，而且后市趋势也果然如此。

KDJ指标作为一种在期货、股票、基金等市场被广泛应用的技术分析工具，已经以其新颖、实用的特点受到了中短期投资者的青睐。

KDJ指标的K值和D值始终介于0到100之间，而J值可以大于100，也可以小于0。如果将K值、D值、J值的不同数值分别连成一条线，就是所谓的K线、D线、J线。所以依据K值、D值、J值的不同数值，以及K线、D线、J线的走势，KDJ指标不仅可以发出买卖信号（正如图7-15中K线与D线交叉发出的买进信号），也可以反映市场的超买超卖程度。

一般而言，当K值大于90时，说明市场处于超买阶段，当K值小于10时，说明市场处于超卖阶段；当D值大于80时，表明市场处于超买阶段，当D值小于20时，表明市场处于超卖阶段。如图7-16所示。

图7-16为青岛双星（000599）的日线趋势图。从KDJ指标分析，该股于2020年12月24日的K值小于10，D值小于20，说明青岛双星（000599）的市场行情已经处于超卖阶段。在结合图中的蜡烛图形态来分析，该股于2020年12月24日出现了一根中阴线之后，连续出现了几根十字线，充分说明卖方已经实施了疯狂的抛售打压，即将进入乏力状态，是一种将要遇到支撑水平向上反弹的信号。

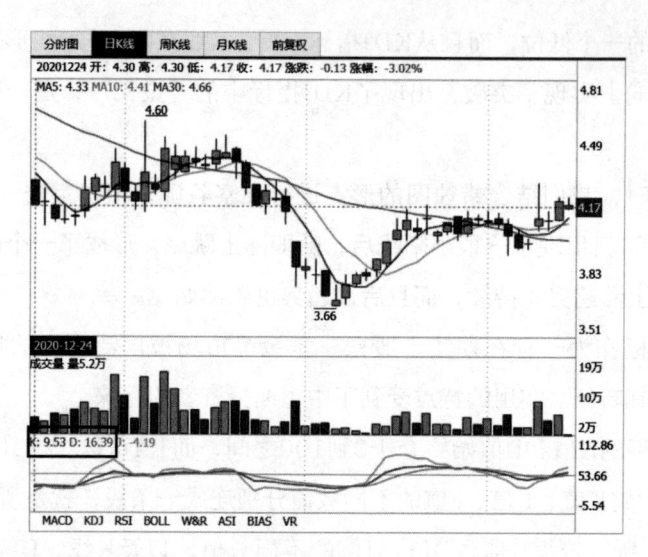

图7-16 青岛双星（000599）日线图

同理，根据J值的不同数值，也可以判断出不同的市场行情。当J值连续数日（至少5日）大于90时，则预示着市场在短期内会见顶；当J值连续数日（至少5日）小于10时，则预示着市场在短期内会见底。同样以青岛双星（000599）的日线趋势图为例。如图7-17所示。

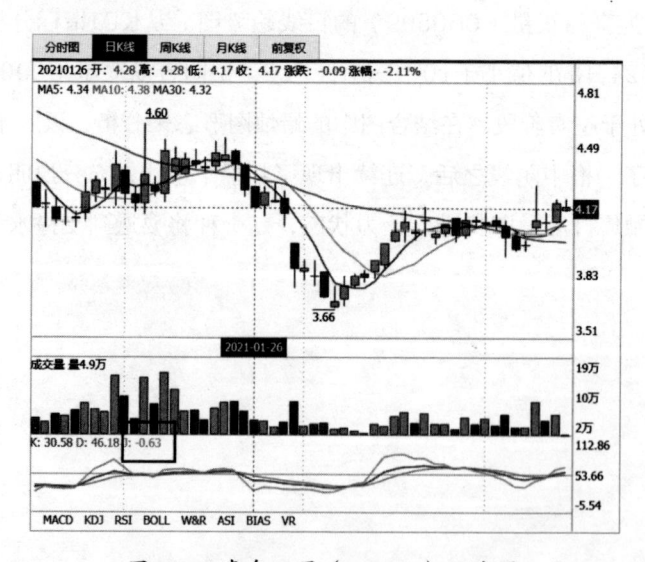

图7-17 青岛双星（000599）日线图

该股从2021年1月26日至2021年2月5日的J值分别是：-0.63、9.32、8.27、3.92、2.76、3.38、1.20、-5.54、-4.27，均小于10，所以青岛双星（000599）在短短10个交易日内，也就是将于2021年2月5日形成一个短期底部。同时，反观蜡烛图的走势形态，2021年1月29日向下大幅度跳空，形成了突破缺口，预示着青岛双星（000599）的价格趋势将持续下跌。最终，青岛双星（000599）在2021年2月5日以3.66元的最低价触底，形成了一个周期仅有12个交易日的短期底部。

与此同时，通过KDJ指标与股价的关系，也可以对趋势顶部或者底部进行预判。当K值和D值形成新高，而价格向上没有创出新高时，就形成了一种负面背离的信号，应该看跌；当K值和D值形成新低，而价格向下没有创出新低时，也会形成一种负面背离的信号，应该看涨。相反，也是同样的道理。如图7-18所示。

其中应该注意的一点是，如果在相互背离现象出现的同时，K值和D值也都处于超卖或者超买的数值范围，则这种看跌或者看涨的信号更加强烈。

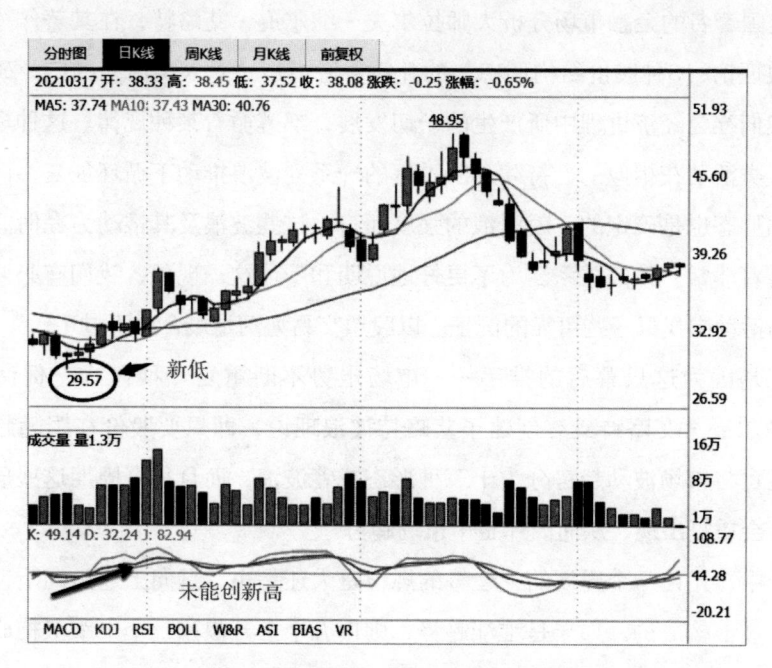

图7-18 梦百合（603313）日线图

图7-18是梦百合（603313）自2020年12月18日至2021年3月17日的趋势图。该股于2020年12月23日创出了29.57元的新低，但是从K值和D值来看未能创新低，K线和D线均呈向上趋势，所以价格与K值和D值形成了相互背离，是一种看涨信号。

当然，KDJ指标除了上述几种研判市场行情的方法外，还可以依据K值和D值逐渐变大或者变小的速度，以及K线和D线倾斜和平缓的程度，进一步判定预警信号。投资者可以依据实际情况，多多练习和摸索。

蜡烛图 + 艾略特波浪理论

美国著名的金融市场分析大师拉尔夫·纳尔逊·艾略特，在其著作《艾略特波浪理论：13种股价结构形态》的开篇曾讲道："对人类活动的广泛研究表明，我们社会经济进程中所产生的一切发展，都遵循着某种规律。这种规律使一切人类活动在相似的、持续不断重复的一系列波浪推动下循环往复，而波浪数量和形态也是确定的。就波浪的强度而言，这些波浪及其推动力在时间的进程上有着非常一致的关系。为了更好地说明和阐述这一现象，我们有必要在人类行为活动中找寻一些可靠的例子。以股票交易为例是最合适不过了。"

正是因为这只幕后的推手——市场走势不断重复一种模式，促使拉尔夫·纳尔逊·艾略特最终创建了艾略特波浪理论，即只要股价在跟随趋势运行，便可将市场波动趋势分为十三种形态或者波浪，而且每个周期这些形态或者波浪会重复出现，从而演绎整个市场趋势。

其中，无论一个周期的主趋势的规模是大还是小，是向上还是向下，都是由八个波浪构成的。如果是上涨趋势，则由五个上升浪和三个下跌浪构成，而上升浪中的一、三、五是推动浪，二、四是调整浪，下跌浪中的六、八是推动浪，七是调整浪；如果是下跌趋势，则由五个下跌浪和三个上升浪构成，而下跌浪中的一、三、五依然是推动浪，二、四也依旧是调整浪，上升浪中的六、八是推动浪，七是调整浪。如图7-19、图7-20所示。

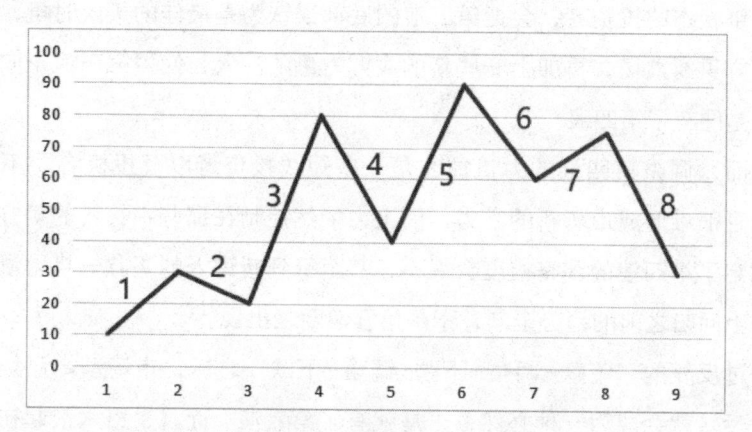

图7-19 上升趋势中的艾略特八波浪示例图

无论是在上涨趋势中，还是在下跌趋势中，第一浪往往是因为参与交易的买卖双方处于少数，所以表现的趋势上涨幅度或者下跌幅度比较微弱。以下跌趋势为例，由于一部分交易者对于第一浪的趋势表现缺乏信心，在第一浪结束后，便会急于再次买入，以及场外一些投资者此时以为是底价也会买入，所以就会出现第二浪的调整浪，但只是小幅度的回调，并不会创新。

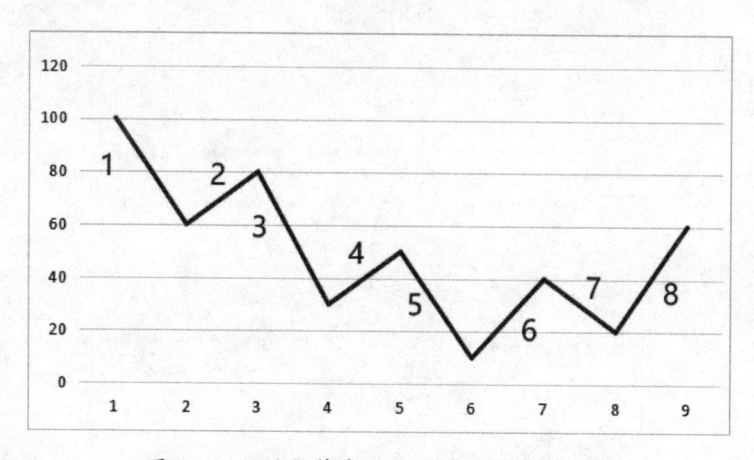

图7-20 下跌趋势中的艾略特八波浪示例图

第三浪开始后，会逐渐突破第一浪的底部，继续向下。这个过程中有些卖方也会认为第三浪不会超越第一浪的底部，所以随着这些卖方的抛售打压，下跌趋势将获得一轮动力，价格将持续下跌。这时，曾经抛售的卖方，以及一些处于观望状态的投资者，会把第三浪的底部误认为是最佳的买入时机，于是曾经的卖方重新入场，再加上一些新的买方力量的注入，使得第三浪走向调整趋势，于是便有了第四浪。

　　然而，调整第四浪的力量往往是一些短线投资者以及投机者，不仅数量少，而且很难形成市场新的主力，而主力依然控制在那些中长线的卖方手里。这就注定了第四浪的调整幅度会很小，甚至等到新进入的买方一旦力量变弱，就会马上回归之前的趋势走向，于是第五浪随之出现。

　　经过反复的"下跌-调整-下跌-调整-下跌"之后，市场基本已经走到了底部，反转就会成为一种必然，于是就有了第六浪。而且，第六浪起初的动力会很强，推动力很大。但也有一些人会以为这是一个假信号，或者有投机者抱着知足常乐的心态见利则收，从而形成了第七浪的调整浪。而当大部分人坚信价格依然会坚挺时，又会出现一个推动浪，也就是第八浪。

　　由此可见，艾略特波浪理论可以通过反映市场心理，进而在趋势确立时便对趋势的结束时间或者部位做出预测。这种有效的预测工具，也可以辅助蜡烛图对市场趋势做出更为准确的研判。如图7-21所示。

第七章 综合研判

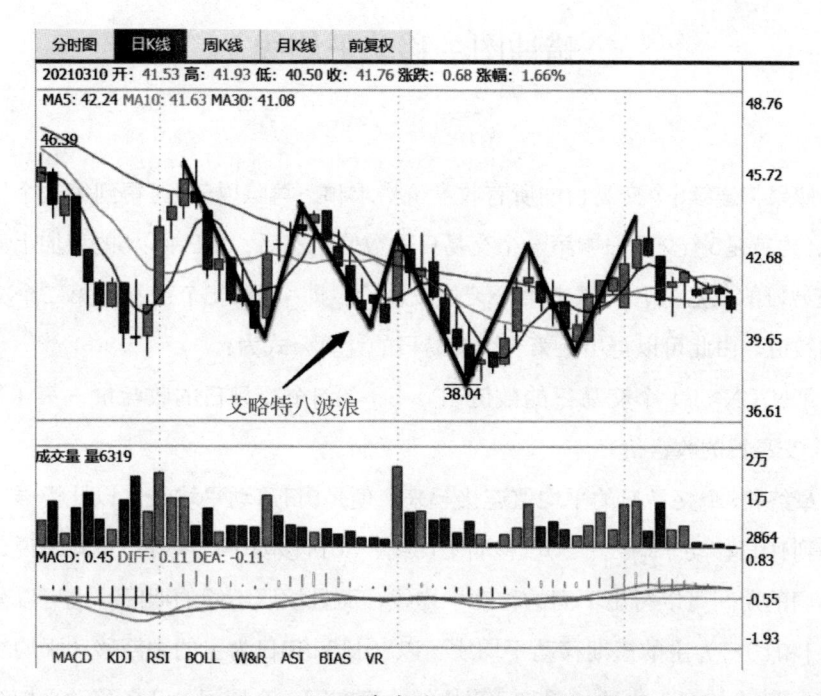

图7-21 K杰普特（688025）日线图

由K杰普特（688025）日线趋势图可以看出，在第一浪的顶端，出现了一个非常微小的缺口，可以进一步推动趋势向下，但力量较小，这就注定了第一浪的推动浪的下跌幅度不会很大，也预示了会有一个调整浪出现。当K杰普特（688025）在2021年1月14日收出一根大阳线后，充分证明趋势进入了调整上涨趋势，进而出现了第二浪的调整浪。以此类推，之后的几个波浪，都可以配合蜡烛图的不同形态得到验证。而对于投资者来说，在下跌趋势中，最佳的卖出信号是第一浪形成的开端，而最佳的买入信号是第五浪的底部。

可以说，艾略特波浪理论有其存在的必然意义，尤其是其较精准的预测特性，曾达到了让人叹为观止的境界。正如艾略特曾经对于美股发出的那个预言——一个超级牛市将在几十年后登上舞台。当时很多人都以为艾略特是个疯子，是在痴人说梦，但当多年后，道·琼斯工业平均指数以新高点打破1929年所创下的最高点（386点）时，所有人都瞠目结舌，对艾略特充满了敬仰。这也再一次验证了艾略特波浪理论的精确性。

蜡烛图+移动平均线

　　如果将连续5个交易日的所有收盘价格求和，再除以5即可得到第一个平均值P，也就是5个交易日中第一个交易日的数值。然后，用P乘以5的积加上第二个交易日的收盘价，再减去第一天的收盘价，即可得到5个交易日第二个交易日的数值。由此可以得出除第一个交易日的计算公式为：

　　第N（N>1）个交易日的数值=P×5+第N个交易日的收盘价－第（N－1）个交易日的收盘价

　　最终将5个交易日的平均值连接起来，便是5日移动平均线。以此类推，即可得到10日移动平均线、20日移动平均线、30日移动平均线等。也就是说，按照不同的期间可以得出不同的移动平均线，而且按照不同的期间，也可以分为以5日和10日为主的短期移动平均线、以30日和60日为主的中期移动平均线、以120日和240日为主的长期移动平均线。而在同一个期间的几条移动平均线同样可以分为短期、中期和长期移动平均线，比如以5日和10日为主的短期移动平均线，也可以将5日移动平均线作为短期平均线，10日移动平均线则是长期移动平均线。如图7-22所示。

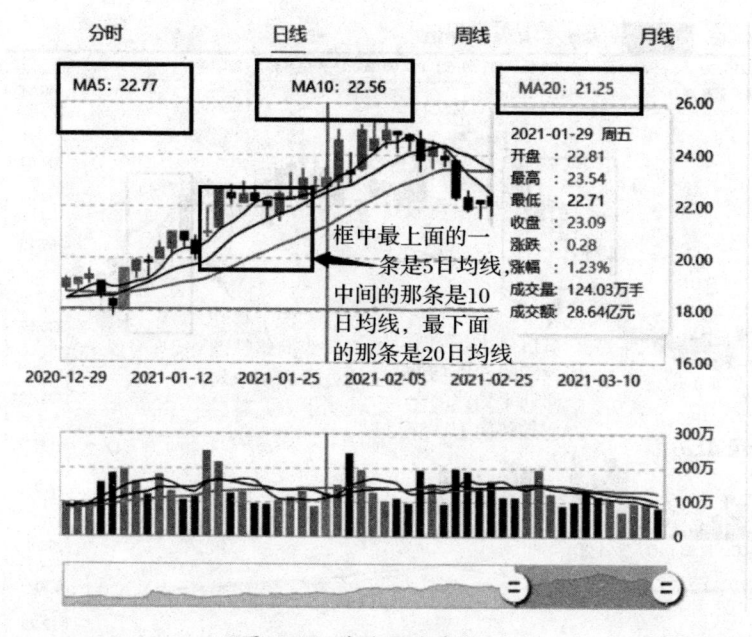

图7-22 移动平均线示例图

移动平均线的英文名称是Moving Average，简称MA，由著名的美国投资专家Joseph E.Granville（葛兰碧，又译为格兰威尔）创建，是一种用以观察证券价格变动趋势的技术指标，尤其是在趋势的判断、确立、反转等方面已被广泛应用。例如，当价格趋势向上时，一旦突破并高于这个交易日的移动平均线，则应该做多；当价格趋势向下时，只要突破并低于这个交易日的移动平均线，则应该做空。如图7-23所示。

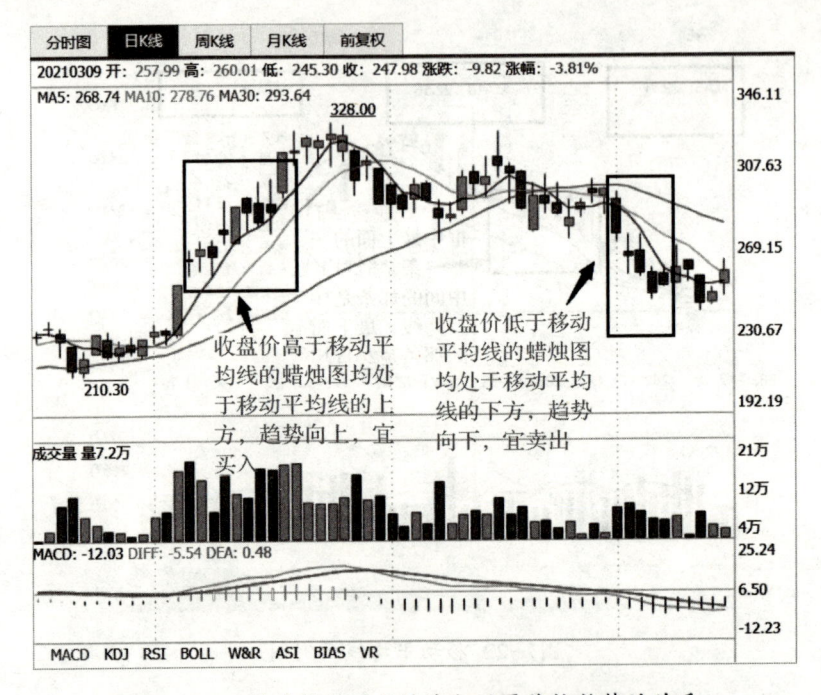

图7-23 股票价格移动平均线与股票价格趋势的关系

其实，如果我们同时将蜡烛图与移动平均线放在一张趋势图里进行研判，结果往往更加直观、明了。

1. 均线蛟龙出海形。

伴随趋势向上突破时，如果出现了一根可以将日线图中的5日、10日、30日均线同时全部吞没的中阳线或者大阳线，则为均线蛟龙出海形。如图7-24所示。

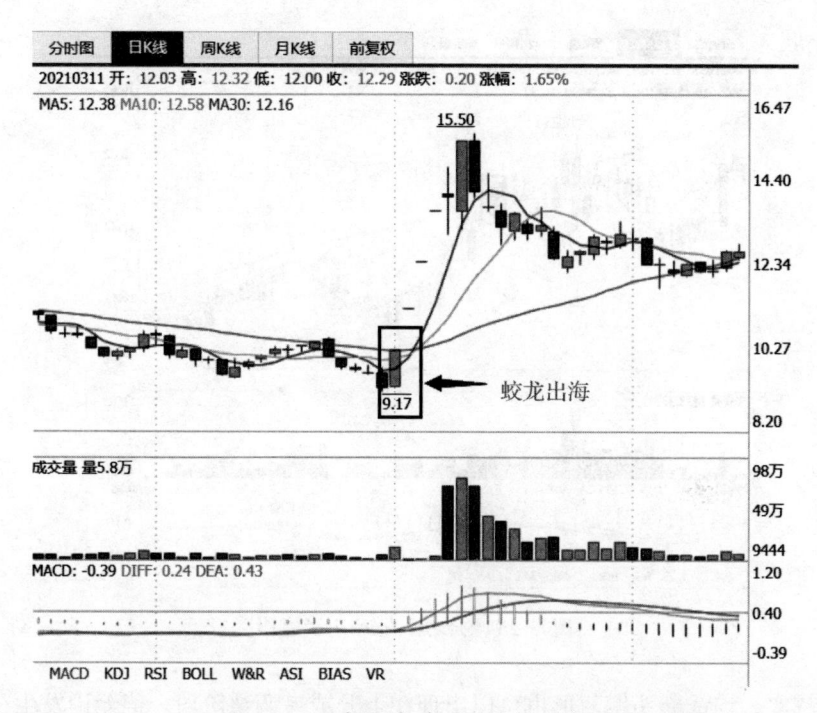

图7-24 万东医疗（600055）日线图

图7-24中的均线蛟龙出海形出现于万东医疗（600055）在经过了一段时间的盘整期并创出新低后的第二个交易日，而且从2021年2月1日出现的中阳线来看，其收盘价（10.21元）均高于5日（9.72元）、10日（9.96元）、30日（10.18元）均线，开盘价（9.29元）均低于5日（9.72元）、10日（9.96元）、30日（10.18元）均线。也就是说，5日、10日、30日均线全部从这根中阳线的实体穿过去的，从而形成了典型的均线蛟龙出海形，将推动趋势持续向上，是一个强烈的买入信号。同时，结合蜡烛图形态不难发现，中阳线后连续出现了三根一字线，充分说明了买方的力量远远大于卖方的力量，是明显的上涨信号。也就是说，在均线蛟龙出海形出现的时候，投资者就应该积极买入。

2. 均线断头铡刀形。

当趋势向下突破时，如果出现了一根可以同时将日线图中的5日、10日、30日均线全部吞没的中阴线或者大阴线，则为均线断头铡刀形。如图7-25所示。

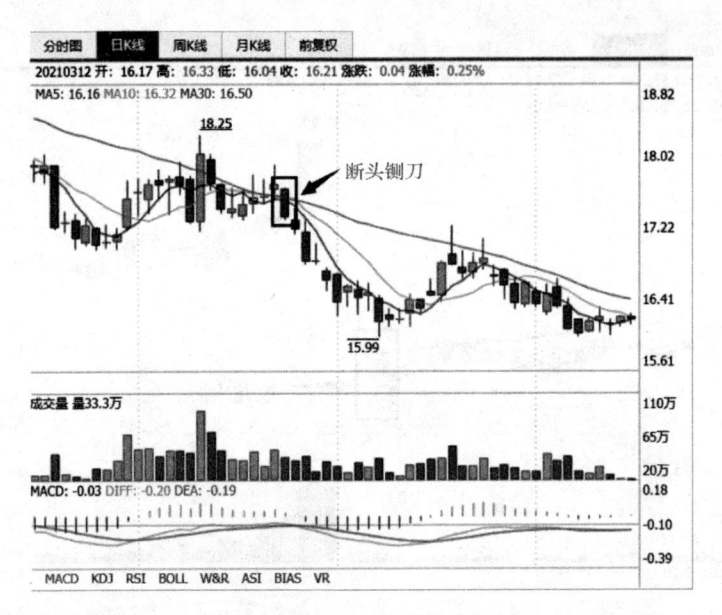

图7-25 均线断头铡刀示例图

其实，均线断头铡刀形也可以出现在上升或者调整阶段。但无论发生在哪段行情中，都表示有很大的可能会继续下跌。如图7-26所示。

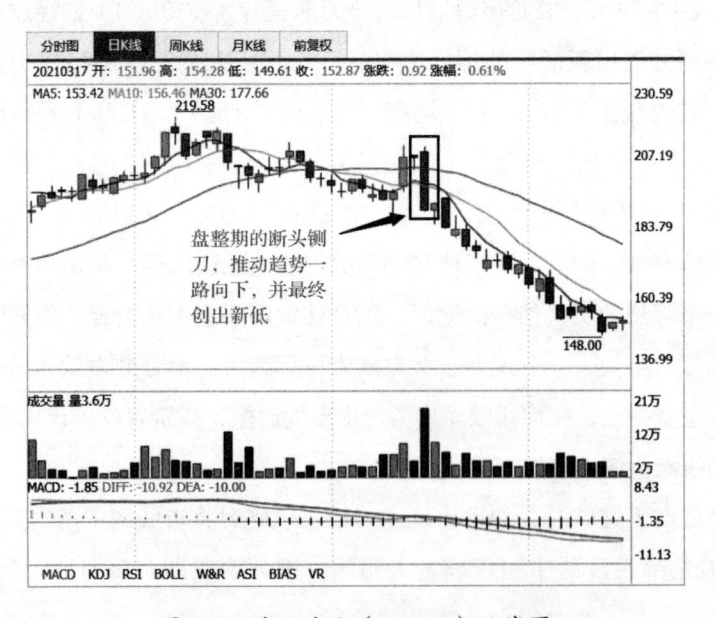

图7-26 海天味业（603288）日线图

当三条均线同时从海天味业（603288）于2021年2月18日收出的一根大阴线的实体中穿越后，一个典型的均线断头铡刀形便宣告形成了，并带来了一个强烈的卖出信号。这时一旦清仓过晚，很可能会被套牢，甚至越陷越深。

均线蛟龙出海形与均线断头铡刀形，其实可以看作是一对对立的形态，一个是看涨信号，一个是看跌信号。

3. 均线黄金交叉。

当上升的5日均线由下而上穿越上升的或者趋于平稳的10日均线后，两条均线的交点便是均线黄金交叉。通俗一点来说，均线黄金交叉就是指一条上升的短期移动平均线从下向上穿过一条上升的或者是已经走平的长期移动平均线形成的交点。如图7-27所示。

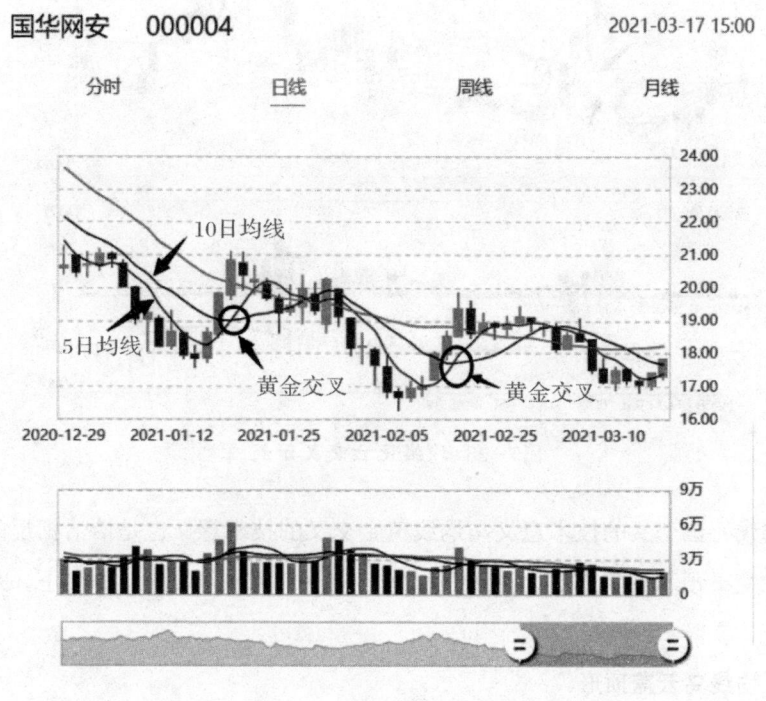

图7-27 黄金交叉示例图

需要注意的是，虽然黄金交叉预示着市场主导力量将由买方掌控，是买入信号，但是如果5日均线和10日均线交叉后形成的角度过大（大于45度），则意味着上涨趋势会比较短暂；如果形成的角度过小（低于25度），同样表示上涨乏力。

4. 均线死亡交叉。

从字面意思上可知，均线死亡交叉与均线黄金交叉是对立形态。也就是说，均线死亡交叉是指短期移动平均线在下降趋势中由上而下穿过长期移动平均线的交点。如图7-28所示。

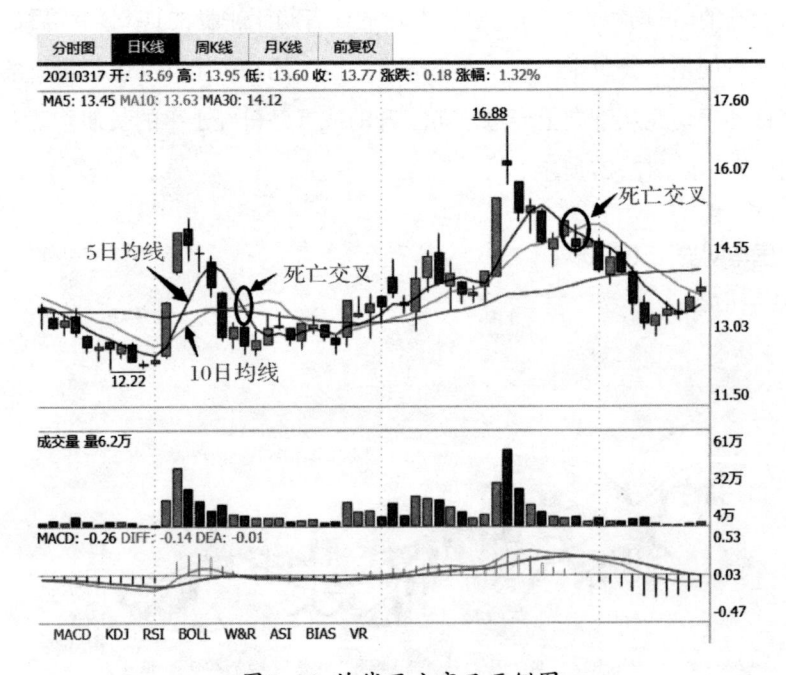

图7-28 均线死亡交叉示例图

均线死亡交叉的技术意义与均线黄金交叉的技术意义也是恰恰相反的。均线死亡交叉预示着卖方的力量正在积聚，接下来将推动市场趋势向下，是卖出信号。

5. 均线乌云盖顶形。

如果在一段持续时间较长的下跌趋势中，长期移动平均线始终处于中期移动平均线和短期移动平均线的上方，并且相互之间存在着一定的距离，看上去就像一层乌云将下面的两条均线遮挡，没有丝毫可以突破的可能，这就是均线乌云盖顶形。如图7-29所示。

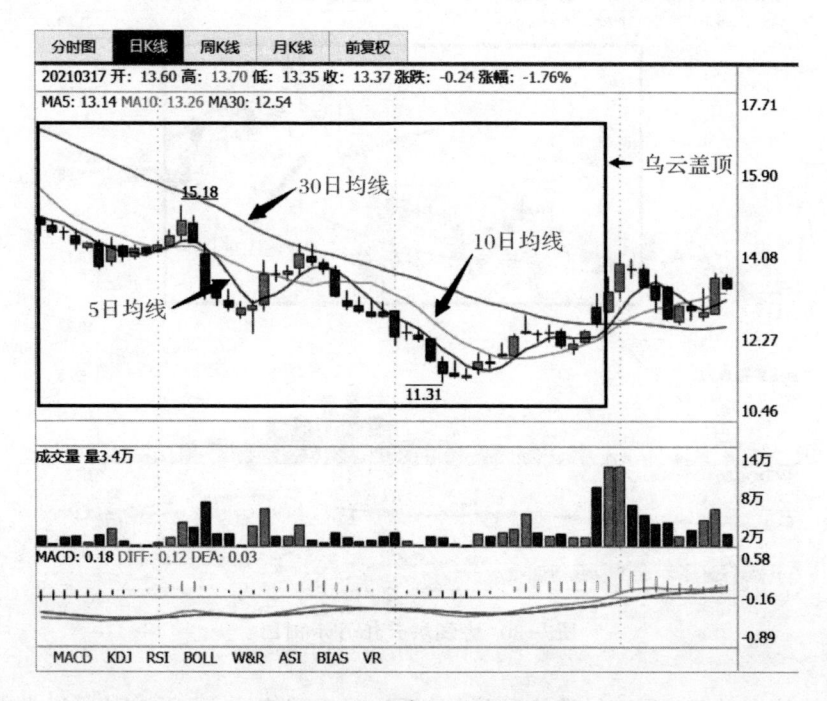

图7-29 均线乌云盖顶示例图

在均线乌云盖顶形态中，短期移动平均线和中期移动平均线是可以存在交叉和黏合现象的。这是由于在此形态下，蜡烛图的形态多是小阴线或者小阳线，表示买卖双方的力量对比有时候会出现缩小的情况，时而卖方占据优势，时而买方占据优势，也就是市场趋势会时而处于震荡阶段。这时就会导致5日均线和10日均线出现交叉或者黏合。

均线乌云盖顶是一个看跌信号，甚至将推动趋势形成向下的惯性，所以投资者应尽早出局。

6. 均线烘云托月形。

这种均线形态是指长期移动平均线始终处于中期移动平均线和短期移动平均线的下方，以一定的距离托举着5日均线和10日均线一路向上。如图7-30所示。

日本蜡烛图技术

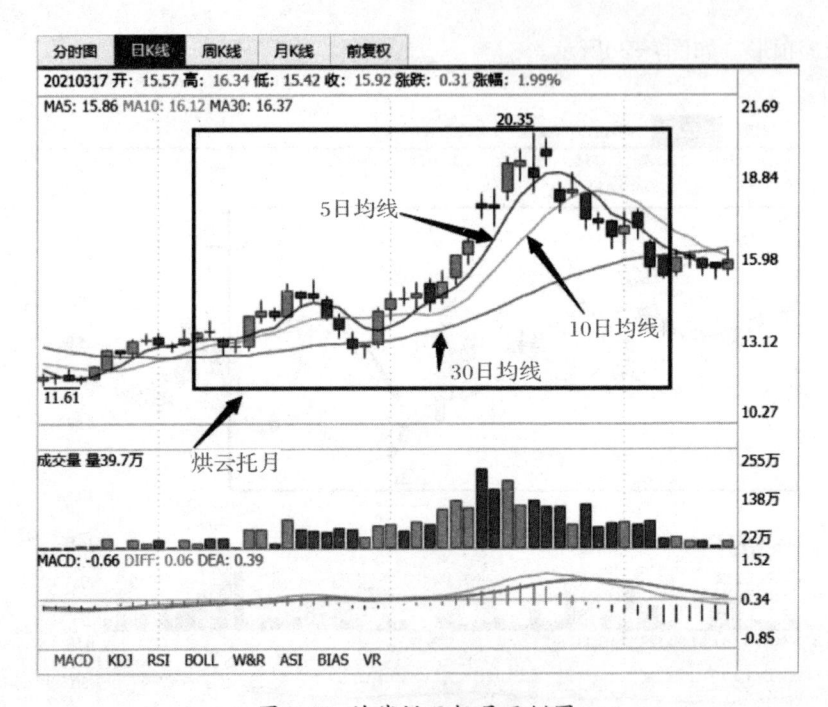

图7-30 均线烘云托月示例图

均线烘云托月形态虽然从表面上来看，是看涨信号，但是实战中经常出现这种形态会推动市场趋势进入长时间的盘整期的情况。对于短线投资者来说这并不是什么好消息，如果无法耐心等待，急于出局，便会小有损失。所以说，均线烘云托月形态对于中长期投资者来说是一个利好信号，只要耐心观望，一旦这种形态推动趋势突破性向上，就可以及时入手。

事实上，我们在此只是简单介绍了几种比较常用的均线形态。移动平均线的技术形态还有多种，比如均线快速上涨形与快速下跌形、均线加速上涨形与加速下跌型、逐浪上升形与逐浪下降形、均线上山爬坡形和下山滑坡形、首次交叉向下发散形、首次黏合向上或向下发散形、均线交叉向上发散形、均线银山谷与均线死亡谷、均线多头排列、均线空头排列等。

可以说，通过均线的不同形态，可以对市场的各种趋势进行预测。但值得注意的一点是，均线的技术含义也只是对趋势预测，因为其具有滞后性，所以我们更多地应该是以参考为主。